先生はえらい

内田樹 Uchida Tatsuru

★——ちくまプリマー新書

002

目次 ＊ Contents

はじめに

みなさん、こんにちは。「先生はえらい」というタイトルの本を書くことになりました内田樹《たつる》です。

この本は中学生や高校生を対象にした新書のシリーズの中の一冊です。このシリーズの一冊を担当することが決まったとき、編集者の方に、「どんなことをいま、いちばん中学生や高校生に伝えたいですか?」と訊《たず》ねられました。コーヒーをスプーンでくるくるかき回しながらしばらく考えて、こう答えました。

「『先生はえらい』、かな。」

いまの若い人たちを見ていて、いちばん気の毒なのは「えらい先生」に出会っていないということだと私には思えたからです。

尊敬できる先生がいて、なんの気後れも、ためらいもなく「先生はえらいです」と言い切ることができたら、みなさんのものの見方も、感じ方考え方もずいぶん変わるだろうし、ずいぶんと豊かな人生がそののち展開すると私は思います。

でも、ほとんどの方は「先生はえらい」と言い切れるような「人生の師」にはまだ出会っていない。私はそう思います。


「でも、それは私のせいじゃない。尊敬できる先生を『持っていない』んじゃなくて、尊敬できる先生が『いない』だけだよ。」

と反論する方もおられるでしょう。

「私だって、尊敬できる先生に出会いさえすれば、尊敬するようになります。尊敬できる先生に出会えないのは、先生運が悪いからで、私の責任じゃありません。」

なるほど。

まず「いい先生」というものが絶滅《ぜつめつ》寸前種的に激減している（新聞にはそう書いてありますね、たしかに）。そこへもってきて、みなさんの方は「先生運」が悪い。あら、踏《ふ》んだり蹴《け》ったりですね。いい先生が少ない上に「先生運」がない。この二つの現実の複合的効果として、みなさんは心から「先生！」と敬慕《けいぼ》できるような人に出会うことがこれまでなかった、と。

そういうことでよろしいでしょうか？

はい、ではそういうことにしておきましょう。

この本は、みなさんがたぶんそんなふうに考えているんだろうなということを前提にした上で、「そういう考え方は、ちょっと違《ちが》うんじゃないか」ということを述べんとする本です。「ちょっと違う」どころか、「まるで逆のこと」を主張しようとする本です。みなさんの「先生」というものについての考え方そのものを根底から改めて頂きたいというのが本書のねらいであります。

「まるで逆」と申しますのは、第一に「いい先生」というのはみなさんが出会う前にあらかじめ存在するものではないからです。あるいは「万人にとっての、いい先生」というものもまた存在しない、と申し上げた方がよろしいでしょうか。

ですから当然にも「先生運」などというものもありません。あるはずないですよね。

「存在しないものに出会う運」などというものがあろうはずもありません。

と、いきなり決めつけてしまって、ごめんなさい。

もちろん、「何をおっしゃるか。私はちゃんと人生の師と仰《あお》ぐに足る、すばらしい先生に出会った」という幸運な方も読者の中にはおられるかも知れません。

よかったですね。

でも、その方も、どうしてよりによってあなたが「いい先生」に出会えたのか、その理由はうまく言えないと思うのです。

「いや、たまたま先生運がよかったからじゃないですか……」

そうですか?

でも、「先生運」なんてものはない、と先ほど申し上げたばかりです。

だって、「誰《だれ》にとっても、いい先生」などというものは存在するはずがないからです。

あなたが「人生の師と仰ぐいい先生」はあなたにとってだけの「いい先生」なんです。

他の人にとっては、「ただのオヤジ」や「フツーのオバハン」かも知れません。他の人には「ただのオヤジ」や「フツーのオバハン」にしか見えない人が、あなたには深い叡《えい》智《ち》と底知れない愛情をたたえた人生の師のように見えたとしたら、そこにはあなた自身の個性というか人格特性というか好みというか偏見《へんけん》というか、すでにそういうものが関《かん》与《よ》しているということになりますよね。

だとしたら、それを「偶然《ぐうぜん》」と言うことは、もうできません。

師との出会いに偶然ということはありません。

もしあなたが「人生の師」と出会った後になってもまだ「先生と出会ったのは、まったくの偶然であった」と思っていたとしたら、残念ながら、あなたが出会ったのは先生ではありません。

先生というのは、出会う以前であれば「偶然」と思えた出会いが、出会った後になったら「運命的必然」としか思えなくなるような人のことです。

これが「先生」の定義です。

『先生はえらい』と題したこの本では、「どういう条件を満たす先生がえらいのか」と問うたり、あるいは「先生はこれこれの社会的機能を果たしているからえらいのである」と論証したりする気は、私にはありません。

だって、この本は「あなたが『えらい』と思った人、それがあなたの先生である」という定義から始まるわけですから、「先生はえらい」というのは、本が始まった瞬間《しゅんかん》に既決《きけつ》事項なんです。残るすべての頁《ページ》は、「人間が誰かを『えらい』と思うのは、どういう場合か？」という「えらい」の現象学のために割《さ》かれることになります。

効率的な展開ですね。

そういう効率的なつくりになっておりますので、話を急ぐ必要はぜんぜんありません。まだ一〇〇頁以上あるんですから、それを使って、ただひとつのことをあれこれ考えればよろしいわけです。まあ、のんびり参りましょう。

まず、先ほど取り上げた、みなさんが「えらい先生に出会うことができない」二つの理由の当否について、検討してみるところから始めましょうか。どこから始めたって、ゆきつくところは同じなんですけれど、とりあえずここから。

先生は既製品ではありません

まず、はじめにいちばん大切なことから。

「誰もが尊敬できる先生」なんて存在しません。

昔からいませんでした。「絶滅寸前種」どころか、はじめから存在しなかったのです。

はじめから存在しなかったものを「存在しなくなった」と文句を言っても仕方がありません し、それで何ごとかを説明することもできません。

同じように、「先生運」などというものも存在しません。

先生というのは、あちらからみなさんのところにやってくるものではありません。

「やあ、ヤマダくん。今日から私の弟子《でし》になりなさい。私こそは君が待望していた『いい先生』だよ。」

「わ、ほんとですか。ばんざーい。」

というようなチープでシンプルな出会いを期待しても無駄《むだ》ですよ。それは「ある日、白馬に乗った王子様がやってきて……」というのと同種の妄想《もうそう》にすぎません。

先生はあなたが探し出すのです。自分で。足を棒にして。目を皿にして。

先生を求めて長く苦しい旅をした人間だけに、先生と出会うチャンスは訪《おとず》れます。ふところ手をしていて、昼寝《ひるね》をしながら「いい先生」のご到来《とうらい》を待つというような横着《おうちゃく》をしてたって、何も起こりませんよ。

「尊敬できる先生」というのは、「恋人《こいびと》」に似ています。

「あの人って、もう最高！」というような打ち明け話を聞かされてうんざり、という経験はみなさんもおありだと思います。

「どこがいいんだよ、あんなヒラメ顔」というような独り言をつぶやかれたことも一度や二度はあろうかと思います。でも、その上で、「まあ、本人が『いい』って言ってるんだから、ほっときゃいいんじゃないの」とクールにご判断されていることもままおありになるのではないでしょうか。

でも、考えてみてください。この「恋愛《れんあい》妄想」のおかげで、人類は今日まで繁栄《はんえい》してきたわけです（「繁栄」かどうかは意見の分かれるところですから、「増殖《ぞうしょく》」と言《い》い換《か》えましょうか）。

「デブ」が「グラマラス」に見え、「陰気《いんき》」が「翳《かげ》り」に見え、「浪費癖《ろうひぐせ》」が「おおらかさ」に見え、「せこさ」が「緻密《ちみつ》さ」に見えてしまう……という幸福な錯覚《さっかく》のゆえに、だいたいどんなご面相でも、どんなねじくれた性格でも、唐《とう》なす野郎《やろう》でも、一人あたり一人ずつの配偶者がゆきわたるようになってきていたわけです。

これが、全員が妄想抜《ぬ》きの同一の客観的審美《しんび》的基準で異性を眺《なが》めるということになったら、おおごとですよ。

恋愛というのは、「はたはいろいろ言うけれど、私にはこの人がとても素敵《すてき》に見える」という客観的判断の断固たる無視の上にしか成立しないものです。

自分の愛する人が世界最高に見えてしまうという「誤解」の自由と、審美的基準の多様性（というより「でたらめさ」ですね）によって、わが人類はとりあえず今日まで命脈を保ってきたわけです。生物種というのは、多様性を失うと滅亡してしまうんですからね。

知りませんでした？

地球上には無数の生物種がいますよね。どうして、こんなに多様でなければならないのかご存じでした？　生物学の教えるところで、種が多様な方が生態系が安定するからです。

だって、そうでしょ？　サバンナのライオンはウマもシマウマもどちらもぱくぱく食べますね。仮にウマだけが食べる草から感染する伝染病で、あたりのウマが全滅してしまったとします。でもライオンにしてみれば、代りに「じゃ、シマウマ食べるか」で済むわけです。そして、シマウマがその草を食べなかったのは「なんとなく好みじゃなかった」というくらいのどうでもいい理由だったりするわけです。でも、この「なんとなく」による行動の「ずれ」によってサバンナの生態系や食物連鎖《しょくもつれんさ》は致命的《ちめいてき》なダメージを回避《かいひ》できたことになります。

そういうものなんです。こと生物に関する限り、ほとんどの場合、「誤解」がばらけることの方が、単一の「正解」にみんなが同意することよりも、類的な水準でのソロバン勘定《かんじょう》は合うんです。

でも、今はそんな話をしているんじゃないんだ。

「蓼《たで》食う虫も好き好き」という話でしたね。

あれ？「蓼食う虫も好き好き」ってことわざ、知りません？

そうか。最近、言わないものね。「タデ」というのは食用の草なんですけれど、すごく辛《から》いんです。でも、虫の中にはこの「タデ」が大好物というのがいるわけですね。だから、ふつうの虫がいやがるものを好物にするように、人の好みはさまざまである、ということを特に恋愛関係について述べたことわざであります。ひとつ日本語の語彙《ごい》がふえましたね。

まさに、その通りで、恋する人間の目に映る「愛する人」の相貌《そうぼう》がどのようなものであるか、周囲にいる人間は決して知ることができません。それは「愛する」という強く深い関係の中で造形された一種の作品だからです。私たちが自分自身の恋愛関係の中で経験している愉悦《ゆえつ》や幻滅《げんめつ》や快楽や絶望は、まわりにいる人間には決して同一のリアリティをもって経験されることがありません。

でも、それこそが恋愛という経験のいちばんすばらしいところではないでしょうか？

だからこそ、みなさんも「世界最高の恋人」にいつか出会えるのではないかという願いをひそかに胸にして、毎日暮らしていけるわけです。

先生だって、それと同じです。

「あの先生、最高！　わが一生の師匠《ししょう》です！」というのは、一種の「のろけ」です。恋愛と同じで、「誤解」あるいは「妄想」と申し上げてもよろしいのです。しかし、師に対するこのような誤解の多様性ゆえ、私たちはひとりひとりが固有の成熟のプロセスをたどることができるのです。

恋愛が誤解に基づくように、師弟関係も本質的には誤解に基づくものです。

恋愛と学び

ここが肝心《かんじん》のところです。

師弟関係というのは、基本的に美しい誤解に基づくものです。その点で、恋愛と同じなんです。

恋愛の場合、まわりからみるとどうしようもないクズ男やダメ女に恋してしまった人が、そこで「真実の愛」を発見したと信じていたとします。その時恋する人が経験しているのは、まぎれもなく「真実の愛」です。そのときの陶酔《とうすい》や高揚《こうよう》や至福は(仮にあとで幻滅が待っていたとしても)、リアルタイムでは圧倒的現実なのです。

その逆に、よく友だちの紹介《しょうかい》で「おつきあい」を始めるというような場合に、「すごくいいやつ」「とってもいい人」というふれこみなんだけれど、いざ「こんちは」と挨《あい》拶《さつ》して、お話ししてみても、ぜんぜんその気になれないということって、ありますね。条件はそろっているんだけれど、どきどきしない。

ということは、恋が始まって、かーっとのぼせてしまうきっかけというのは、学歴とか年収とか身長とか顔の造形とか服のセンスとかいうような外形的・定量的な条件ではないということですね。

そうではなくて、にこにこおとなしそうな少女の目にときおりよぎる「底なしの哀《かな》しみ」とか、凶暴《きょうぼう》な面相の少年が捨《す》て猫《ねこ》を見るときにふとみせる「慈《いつく》しみにあふれたまなざし」とか、そういう意外性が「どきん」のきっかけでしょ？　たいてい。

でも、それって実在するものではありませんね。

あなたが「あ、この人には、そういうところがあるんだ」と思い、「そういうところ」に気がついているのは私ひとりだという確信があるから、どきどきしちゃうわけですね。

わかるでしょ？

道の先に一万円札が落ちていて、それに道行く人はどうやら誰も気づいていない、というときにはどきどきしますね。「あ、誰も気がついてない……あと五歩ゆくあいだに、誰も気がつかなければ、オレのもんだ」と思って歩く五歩はどきどきしますね。

それは科学者も同じみたいです。ある仮説を立てて、実験を重ねているうちに、どうやらこれはノーベル賞クラスの新発見らしいということに気づく。そこで『ネイチャー』とか『サイエンス』とかに投稿《とうこう》しようと思って、誰かがこれと同じ法則を自分より先に発見していないかどうかインターネットで検索《けんさく》するときって、喉《のど》から心臓が飛び出しそうなくらい「ばくばく」するらしいです。

「どきどき感」のこれはひとつの典型なんですけれど、「誰も気づいていないことに、私だけが気づいていた」という経験て、たぶん人間にとって、「私が私であること」のたしかな存在証明を獲得《かくとく》したような気になるからでしょうね。

恋も科学の実験もそういう意味では、とても人間的な営みなんです。

恋に落ちたときのきっかけを、たいていの人は「他の誰も知らないこの人のすばらしいところを私だけは知っている」という文型で語ります。みんなが知っている「よいところ」を私も同じように知っているというだけでは、恋は始まりません。

先生も同じです。

誰も知らないこの先生のすばらしいところを、私だけは知っている、という「誤解」(と申し上げてよろしいでしょう)からしか師弟関係は始まりません。

恋愛については私の説明を「ふむふむ」とうなずいていたみなさんも、先生の話になると、急には納得《なっとく》できないでしょうから、少し腰《こし》をすえてこの問題を論じてみましょう。師弟関係とか教育の場というのは、何かを学ぶ機会のことです。ということで、よろしいですね？

では、「学ぶ」というのはどういうことでしょう？

「ある種の知識や技術を、それを所有しているひとから、何らかの対価と引き換えに授与されること」というふうに定義してよろしいでしょうか？

いいですか？

ほんとに？

じゃあ、そういうことにしておきましょう。

そのときに学ぶ生徒の側が教える先生に対して深い敬意を抱《いだ》く場合と、あまり敬意を抱くことができない場合があります。これはわかりますよね。

その差はどこから出てくるのでしょう？

有用な知識や技術を教われば敬意を抱くが、あまり有用性のないものなら敬意を抱かないということですか？

そうですか？　そんなはずないと思うけど。

さっきの恋愛の例を思い出して下さい。

好きになった人の「中身」が、ほかの人と比べて定量的に多いか少ないか、良質か劣《れっ》等《とう》かという比較《ひかく》計量をした後になってから私たちは恋に落ちるわけではありません。

人間の「中身」が問題ではないんですから。


みなさんはもしかすると、「学ぶ」ということを、先生が有用な知識や技術を与《あた》えてくれる対価として、生徒がしかるべき対価を払《はら》うことで成立する「取引」のようなものだと考えてやしませんか？

自動販売機《はんばいき》みたいに、コインを入れると「資格」や「免状《めんじょう》」が出てくるものだと。

そういうプロセスであるとするならば、たしかに自動販売機に「何が」入っているのか、という「中身」こそが大問題ですね。コーラのつもりでボタンを押《お》したらカップヌードルが出てきたというのでは困ります。

でも、学ぶというのは、そういうことではありません。

教習所とF－1ドライバー

具体的な例をひとつ。「自動車を運転する技術」を学ぶ場合を考えてください。

自動車学校の教官というのがいますね。この人たちのことを教習所に通う生徒たちは「先生」と呼びますけれど、この人たちははたして「先生」でしょうか?

たしかに、彼《かれ》らは自動車運転技術というたいへん有用な技術を教えてくれます。でも、この教官たちに敬意を抱いたり、「恩師」と呼んだり、卒業後にクラス会を開いて昔話にふけった(「いやあ、キミはほんとにS字とクランクが下手だったね、わはは」)というような話は、あまり聞きませんね。卒業した瞬間に、みなさんは教官の名前も顔さえおそらく忘れてしまうのではないですか。

自動車運転技術や交通法規はまちがいなく有用な知識や技術です。それを教授してもらったのに、どうしてみなさんはそれを与えてくれた人を尊敬することができないのでしょう?

では、似た話の違うケース。

同じ自動車運転技術でも、あなたが仮免を取ったあとに、鈴鹿《すずか》でたまたまF－1のドライバーの教えを受ける機会があったとします。そのことをちょっと想像してみてください。

それがたとえ半日だけの講習であっても、そのドライバーに対しては、その後すっかり名前を忘れてしまうというようなことはないと思います。むしろ機会があるごとに、その人への感謝を口にするんじゃないですか？「ぼくはシューマッハにアクセルワークを教わったんだぜ」なんてね。

この違いはどこから由来するのでしょう？

ご近所の教習所のヤマダ先生とF－1ドライバーの知名度の差ですか？

そうですか？　ほんとに？

みなさんて、そんなに俗物《ぞくぶつ》なんですか？　有名人だったら、それだけで尊敬しちゃうんですか？

違いますよね。

この敬意の違いは、「学んだこと」の違いに由来しているんです。

では、何が違うんでしょう?

ヤマダ先生よりシューマッハの方が運転技術が格段に上だったから?

ほんとですか?

どうして、仮免取ったばかりのあなたに人の運転技術の巧拙《こうせつ》が判断できるんですか?

もしかしたらヤマダ先生だってA級ライセンスの持ち主で、「裏六甲《うらろっこう》のセナ」と異名《いみょう》を取ったこともある走り屋だったのかも知れませんよ。でも、ヤマダ先生はあなたにそういう「走り」は教えませんでした。だって教習所では、仮に先生が知ってても、ダブルクラッチとかスピンターンとか教えられないですからね。

では、どこが違うのか? 二人の先生はどちらも、あなたに自動車運転技術という同じものを教えました。でも、あなたがそこから学んだことが違います。

先生は同じことを教えたのに、生徒は違うことを学んだ。

そういうことが起こるのです。

ヤマダ先生からみなさんが学んだのは、卒業検定に合格する水準の運転技術です。免許証をもらえる最低限度の技術がクリアーできること、それがみなさんの学習の目的ですね。たいへんわかりやすい目標ですし、実際、みなさんはそうやって有用な技術や法規の知識を彼からは獲得したのでした。

けれども、わかりやすい教育目標を設定し、有用な技術を学習したにもかかわらず、そして、その技術はあなたのその後の人生にいろいろな便益をもたらすものであるにもかかわらず、教習所の先生はあなたからの久しい敬意を得ることができなかった。

理不尽《りふじん》ですね。

一方、F-1ドライバーの方はあなたに半日講習でつきあっただけでした。もちろん先方はあなたの顔なんかその日のうちに忘れています。ただ、その日たまたま出会った若者に、ハンドリングやギアチェンジの基礎《きそ》をクールに教えただけです。でも、あなたは彼から一生忘れられない何かを学んだ。

どうしてか。ちょっと考えてくださいね。

知名度でもないし、技術の巧拙の差でもないとしたら違いは何だと思います？

お答えしましょう。

違うのは、一方からあなたは「定量的な技術」を学び、一方からは「技術は定量的なものではない」ということを学んだということです。

Ｆ－１ドライバーが必ずあなたに教えるはずのことが二つあります（私はレースのことなんかぜんぜん知りませんが、それくらいのことならわかります）。

一つは「運転技術には『これでいい』という限界がない」ということ。今一つは「運転は創造であり、ドライバーは芸術家だ」ということです。

技術には無限の段階があり、完璧《かんぺき》な技術というものに人間は達することができない。このことはどんな道でも、プロなら必ず初心者に教えるはずのことです。どんな領域であれ、「この道を甘《あま》くみちゃだめだよ」というのがプロが初心者に告げる第一声です。そう言わなかったら、その人はプロではありません（もし素人《しろうと》さんに向かって、「こんなこと誰でもできるよ、簡単簡単」というようなプロがいたら、その人には何か危険な下心があると思った方がいいです）。

技術には無限の段階があり、完璧な技術というものに人間は決して到達することができない。プロはどの道の人でも、必ずそのことをまず第一に教えます。

では、どうしてそれにもかかわらず、プロを目指す人は後を絶たないのか？

それは完璧な技術に到達しえない仕方が一人一人違うからです。

完璧な技術がないということは、どのような天才がどれほどの努力を傾《かたむ》けても、ふたりと「同じところ」にたどり着く人はいない、ということです。むしろ、才能があり、努力を惜《お》しまなかった人は、必ず独創的な技術を創造します。そして、その独創的な技術によってその領域の歴史に名前をとどめることになるのです。

今私が話しているのは芸術の領域の話です。プロスポーツでも音楽でも美術でも、およそ個人の高いパフォーマンスが評価されるすべての領域において、話はいっしょです。

道に窮《きわ》まりなし。だからこそ人は独創的でありうる。

おわかりですね。

教習所の先生は「君は他の人と同程度に達した」ということをもって評価します。プロのドライバーは「君は他の人とどう違うか」ということをもってしか評価しません。

その評価を実施《じっし》するために、一方の先生は「これでおしまい」という到達点を具体的に指示し、一方の先生は「おしまいということはない」として到達点を消去してみせます。

ふたりの先生の違うところはここです。ここだけです。

ほとんど同じ技術を教えていながら、「これができれば大丈夫《だいじょうぶ》」ということを教える先生と、「学ぶことに終わりはない」ということを教える先生の間には巨大《きょだい》な「クレヴァス」があります。

「学ぶ」とはどういうことかを考えるときに、いちばんたいせつなのはこのことです。

このクレヴァスが何なのか、それはどうしてできてしまうのか、それを考えることです。

もう一度申し上げましょう。

学ぶというのは有用な技術や知識を教えてもらうことではありません。

だって、シューマッハにアクセルワークを習ったときに、あなたは彼が何を言っているかぜんぜんわからなかったはずだからです。

言ってることが、むずかしすぎて。

何を言っているのか、ぜんぜんわからなかったにもかかわらず、というか、何をいっているのかぜんぜんわからなかったがゆえに、　あなたは彼から本質的なことを学ぶことができたのです。

私は先に、プロの人なら言うことは決まっていると書きました。

それは、「技術に完成はない」と「完璧を逸《いつ》する仕方において創造性はある」です。この二つが「学ぶ」ということの核心《かくしん》にある事実です。

ことばはむずかしいですけれど、これはじつは恋愛とまったく同じなんです。「恋愛に終わりはない」そして、「失敗する仕方において私たちは独創性を発揮する」。

学びの主体性

学ぶというのは創造的な仕事です。

それが創造的であるのは、同じ先生から同じことを学ぶ生徒は二人といないからです。

だからこそ私たちは学ぶのです。

私たちが学ぶのは、万人向けの有用な知識や技術を習得するためではありません。自分がこの世界でただひとりのかけがえのない存在であるという事実を確認するために私たちは学ぶのです。

私たちが先生を敬愛するのは、先生が私の唯一無二性の保証人であるからです。

もし、弟子たちがその先生から「同じこと」を学んだとしたら、それがどれほどすぐれた技法であっても、どれほど洞察《どうさつ》に富んだ知見であっても、学んだものの唯一無二《ゆいいつむに》性は損《そこ》なわれます。だって、自分がいなくても、他の誰かが先生の教えを伝えることができるからです。

だから、弟子たちは先生から決して同じことを学びません。ひとりひとりがその器《うつわ》に合わせて、それぞれ違うことを学び取ってゆくこと。それが学びの創造性、学びの主体性ということです。

「この先生のこのすばらしさを知っているのは、あまたある弟子の中で私ひとりだ」という思いこみが弟子には絶対に必要です。それを私は「誤解」というふうに申し上げたわけです。

それは恋愛において、恋人たちのかけがえのなさを伝えることばが「あなたの真の価値を理解しているのは、世界で私しかいない」であるのと同じことです。この先生の真の価値を理解しているのは、私しかいない。

でも、「あなたの真価を理解しているのは、世界で私しかいない」という言い方は、よく考えると変ですよね。

それは、「あなたの真価」というのは、たいへんに「理解されにくいもの」であるということですから。つまり、あなたは、誰もが認める美人や誰にも敬愛される人格者ではないということですから。

不思議な話ですけれど、愛の告白も、恩師への感謝のことばも、どちらも「あなたの真価は（私以外の）誰にも認められないだろう」という「世間」からの否定的評価を前提にしているのです。

でも、その前提がなければ、じつは恋愛も師弟関係も始まらないのです。「自分がいなければ、あなたの真価を理解する人はいなくなる」という前提から導かれるのは、次のことばです。

だから私は生きなければならない。

そのようなロジックによって、私たちは自分の存在を根拠《こんきょ》づけているのです。

私たちが「学ぶ」ということを止《や》めないのは、ある種の情報や技術の習得を社会が要求しているからとか、そういうものがないと食っていけないからとか、そういうシビアな理由によるのではありません。

もちろん、そういう理由だけで学校や教育機関に通う人もいますけれど、そういう人たちは決して「先生」に出会うことができません。だって、その人たちは「他の人ができることを、自分もできるようになるため」にものを習いにゆくわけですから。資格を取るとか、ナントカ検定試験に受かるとか、免状を手に入れるとか、そういうことは、「学び」の目的ではありません。「学び」にともなう副次的な現象ではありますけれど、それを目的にする限り、そのような場では、決して先生に出会うことはできません。先生というのは、「みんなと同じになりたい人間」の前には決して姿を現さないからです。

だって、そういう人たちにとって、先生は不要どころか邪魔《じゃま》なものだからです。

先生は「私がこの世に生まれたのは、私にしかできない仕事、私以外の誰によっても代替《だいたい》できないような責務を果たすためではないか……」と思った人の前だけに姿を現します。この人のことばの本当の意味を理解し、このひとの本当の深みを知っているのは私だけではないか、という幸福な誤解が成り立つなら、どんな形態における情報伝達でも師弟関係の基盤《きばん》となりえます。

書物を経由しての師弟関係というのはもちろん可能ですし、TV画面を見て、「この人を先生と呼ぼう」と思うことだって、あって当然です。

要するに、先方が私のことを知っていようが知っていまいが、私の方に「このひとの真の価値を知っているのは私だけだ」という思《おも》い込《こ》みさえあれば、もう先生は先生であり、「学び」は起動するのです。

「学びの主体性」ということばを私はいま使いましたが、このことばが意味するのは、生徒がカリキュラムを決定するとか、生徒の人気投票で校長先生を選ぶとか、授業中に出入り自由であるとか、そういうことではありません。まさかね。

生徒自身を教育の主体にするというのは、そういう制度的な話ではありません。「学びの主体性」ということで私が言っているのは、人間は自分が学ぶことのできることしか学ぶことができない、学ぶことを欲望するものしか学ぶことができないという自明の事実です。

当たり前ですよね。

どんなにえらい先生が教壇《きょうだん》に立って、どれほど高尚《こうしょう》なる学説を説き聞かせても、生徒が居眠《いねむ》りをしていては「学ぶ」という行為《こうい》は成就《じょうじゅ》しません。日本の高校生の前でソクラテスがギリシャ語で哲学《てつがく》を語っても、それこそIt's Greek to me《ちんぷんかんぷん》です。

学びには二人の参加者が必要です。送信するものと受信するものです。そして、このドラマの主人公はあくまでも「受信者」です。

先生の発信するメッセージを弟子が、「教え」であると思い込んで受信してしまうというときに学びは成立します。「教え」として受信されるのであれば、極端《きょくたん》な話、そのメッセージは「あくび」や「しゃっくり」であったってかまわないのです。「嘘《うそ》」だってかまわないのです。

嘘からだって、弟子は何かを学ぶことができるという話をしましょう。

むかし「反面教師」ということばがありました。中国の文化大革命のころの用語です（みなさん知りませんよね、文化大革命なんて。とにかく、そういうものがあったということだけで先に行きますね）。

「反面教師」というのは、「ろくでもない先生」（当時の文脈では「資本主義に毒された反革命的な先生」のことです）からでも、生徒は革命的教訓を学ぶことができるということを意味しています。

その点で、まことに画期的な標語でした。

「なるほど、その手があったか」と当時高校生だった私は感心したものです。教師がろくでもない場合にだって、「なぜこの教師はこんなにろくでもない人間になってしまったのか？」「この教師のどのような言動が私を『ろくでもないやつだ』という判断に導いたのか？」「このような人間にならないためにはどうすればいいのか？」といった一連の教育的な問いを導き出すことは可能だからです。

「反面教師」という考え方は「生徒の側にも教育の現場で、盤面《ばんめん》をコントロールする力はある」ということに気づかせてくれた点ですぐれたものでした。

「反面教師」論は、教育内容をどう解釈するかの権限は生徒の側にあるという考え方を示唆《しさ》した点ではひとつの可能性でした。生徒の側にだって、教わっている内容を、それぞれ固有の基準にしたがって解釈《かいしゃく》する自由があるという考え方があってもいいということです。

残念ながら、「反面教師」論は生徒の「学びの主体性」を育てることに、結局は成功しませんでした。

それは、生徒の側に、教師の出来不出来を判定する基準として「この教師は毛沢東主《もうたくとうしゅ》席《せき》の政治方針に賛成か、否《いな》か」というただ一つの共通の尺度しか許されなかったからです。

それだと「解釈」ではなくて「検閲《けんえつ》」ですね。

「査定」や「検閲」は生徒たちに「唯一の正解」を習得させるための他律的な制度ですから、これでは無数の誤解への開かれを通じて、生徒ひとりひとりの唯一無二性を基礎づけることは許されません。

「反面教師」論は、生徒の側に教育内容の「解釈権」がある、ということを考えさせてくれた点においては、ささやかな貢献《こうけん》をしましたけれど、「解釈の自由」を認めなかったせいで、結果的には「学びの主体性」を損なうものでしかありませんでした。


人間は学ぶことのできることしか学ぶことができない。私は先ほどそう書きました。これはたいへん重要なことです。

私たちが「この先生から私はこのことを教わった」と思っていることは、実は私が「教わったと思い込んでいること」であって、先生の方にはそんなことを教える気がぜんぜんなかった、ということがあります。

というか、教育というのは本来そういうものなんです。

生徒たちは教壇の向こう側から語りかけてくる人のことばを聞いています。そのとき生徒たちが聞いているのは、実は全員が別のことばです。

ことばは同じなのですが、解釈が違うからです。

もちろん注意力の差や理解力の差で、聞いている内容は変わります（眠っている生徒と起きている生徒では、聞いている内容が違います）。

でも、そんなことだけではありません。

在日コリアンの生徒は日本近代史の授業を心穏《こころおだ》やかに聞くことはできないでしょうし、太宰《だざい》治《おさむ》ファンの生徒は国語の教科書に載《の》っている志賀《しが》直哉《なおや》の文章をやはり心穏やかには読むことができないでしょう。

教師は同じことばを語り、同じ情報を伝えているつもりでも、ひとりひとりが受け取るものは違います。生徒たちが一人の教師から同じ教育情報を受け取るということはありえないのです。

生徒は自分が学ぶことのできること、学びたく願っていることしか学ぶことができません。

「学ぶ側の主体性」という考え方は、ここから出発しなければなりません。「学びの主体性」は、生徒の側の解釈の自由を意味すると同時に、その限界によって絶えず脅《おびや》かされることになります。

なんでも根源的に考える

「反面教師」論がうまくゆかなかった理由は、学ぶ側の主体性を「私は教師より政治的に正しい」という思い込みの上に基礎づけようとしたことにあります。「自分は正しい」ということを前提にした「学び」というものは成立しません。「自分の欠点の補正」と「未熟さの発見」という事業にとって、「私は正しい」という前提は妨害《ぼうがい》にしかなりませんから。

では、どうしたらいいんでしょう？

もちろん簡単に「それはね……」と言えるようなら本を書く必要はありません。ここからはものすごく長く複雑な話になります。覚悟《かくご》してくださいね。

最初に質問。

「学ぶ」ことと「話し合う」ことは同じことでしょうか、それとも違うことでしょうか？

どっちだと思います？

「違うでしょ……」

「どこが？」

「『学ぶ』のは先生から生徒に情報が流れてゆくことで、『話し合う』は対等のものたちがそれぞれ自分の思っていることを相手に言うことだから。」

ふーん、そうですか。ほんとうに、そう言い切れますか？

別に意地悪でこんなことを言っているわけじゃありませんよ。なにごとも根源的に考える、というのが私の基本的なスタイルで、この本もそれでゆくつもりですから、ちょっと我慢《がまん》してくださいね。

「自分の思っていることを相手に言う」といま言われましたね。そこがすでに問題です。

あなた、ほんとうに「自分が思っていること」を相手に向かって言っていますか？

そう思っているとしたら、それはいささか素朴《そぼく》すぎます。

残念ながら、「自分が思っていること」をそのままストレートに相手に向かって告げるということは、私たちにはできません。

だって、相手がいるから。

私たちが口にする「自分が思っていること」は、相手によって変わります。

相手によって変わるのは「ことばづかい」だけであって、言っている内容は変わらない、と反論する人がいるかも知れません。

でも、ほんとうにそうでしょうか？

例えば、「これからやりたいこと」を訊《き》かれたとします。これに答えるときに、相手が友だちの場合でも、親の場合でも、担任教師でも、答えがいつも同じですか？

まさかね。

教師には「はい、大学に行きます」と答えるけれど、友だちには「ロックミュージシャンになるぜ」と答え、親には「うるせえな」と答える……というくらいの違いはありますよね。あって当然だと思います。

これは、どれがほんとうで、どれが嘘ということはありません。たぶん、どれも「ほんとうに自分が思っていること」なんです。でも、「自分が思っていること」の切り出し方が違っている。

どうして「自分が思っていること」の切り出し方が違うかというと、それは自分のことをどう思われたいのかが、相手によって違うからです。

教師には、あまり面倒《めんどう》なことを言われたくないので、それ以上つっこまれないような無難な答えで受け流す。友だちには、そういう答えをすると「へえ、意外……」とちょっと驚《おどろ》かれそうなことを言う。親には、そういう質問そのものに対するいらだちをストレートにぶつけて、「そういうつまらない質問を今後は控《ひか》えるように」というメッセージを送る。

これらの答えは、たしかにいずれも「自分が思っていること」ではあるのです。でも、それぞれ、そう言うことによって、その後の相手との人間関係が変化することが期待されて選ばれた答えです。

教師に対する答えには「教師との関係がなるべく複雑にならないように」という願い

が、友だちに対する答えには「友だちにそこそこの敬意をもたれるように」という願いが、親に対する答えには「親がこれ以上自分の生き方に干渉《かんしょう》してこないように」という願いが、それぞれ込められています。

人間が自分について語ることは、それを聞いている相手と自分のこれからの関係をある程度決定します。ですから、私たちは相手にどう思われたいのかを絶えず配慮《はいりょ》しながら、自分自身の意見や、願望や、記憶《きおく》を語り出すのです。

オチのない話

記憶もそうなんです。

昔のことというのは、もう過ぎ去ったことだから、今さら改変なんかできないと思っているかも知れませんけれど、とんでもない。実は、あなたが「自分の過去の出来事」を回想するたびに、あなたの過去についてはそのつど「改訂版《かいていばん》」が書かれているのです。

あなたに親友や恋人ができて、その人から「あなたは、むかしどんな子どもだったの？」と訊かれたときに、あなたが語るあなたの子ども時代の話の中には、あなた自身がはじめて思い出すエピソードが含まれています。必ず。それまで、そんな出来事を経験したことさえ忘れていたエピソードを不意に思い出すことがあります。これは断言できます。そして、その「不意に思い出したエピソード」には、なぜか、あなたがどういう子どもだったのかを相手に伝える決定的な情報が含《ふく》まれていたりするのです。

例えば、小さいときに「かくれんぼう」をしていて、みんながあなたのことを忘れて帰った後もひとりで隠《かく》れ続けていた話とか、好きだったぬいぐるみがある日急に嫌《きら》いになって、引《ひ》き裂《さ》いてしまったこととか……何でもいいんですけれど、なんというのかな「オチのない」エピソードってありますよね？「だから、どうなんだ」というような。

でもね、「だから、どうなんだ」「それがどうしたの？」というようなエピソードが、実はしばしばあなたのその後の人間関係やものの考え方感じ方を決定づけた経験だったりするのです。

「オチがない」というところがたいせつなんです。

「話にオチがつけられない」というのは、そのエピソードがどういう意味をもっているのかを説明することばを、あなたがそれまで持っていなかったということなんですから。

だから、たいてい、私たちは「オチがつけられない話」を人にはしません（しても、つまらなそうな顔をされるだけですから）。

でも、親友や恋人か、とにかくそれまでとはずいぶん親しさの度合いの違う聴《き》き手《て》を得たときに、不意にあなたはその「オチのない話」を思い出します（これは確かなことです。というより、いっしょにいると「オチのない話」を次々に思い出してしまう相手のことを「親友」とか「恋人」とかと呼ぶのです）。

あなたがその「オチのない話」を思い出したのは、自分が何者であるのかが、この人に話しているうちに、わかりそうな気がしてきたからです。

どうしてそのことを今まで忘れていたのか、その理由がわからない過去のエピソード。どうしてそのことをたまたま今思い出したのか、その理由がわからない出来事。それこそ、あなたが何者であるかをあなたに教えてくれる鍵《かぎ》なのです。

あなたがそれを思い出したのは、どうしても自分のことを分かってもらい、自分のありのままに触《ふ》れてほしいと思う人に出会ったからです。

ことの順番を間違えないでくださいね。

あなたが「自分はほんとうはどういう人間なのか」を思い出したのは、あなたが「自分はほんとうはどういう人間なのか」を知ってほしい人に出会ったからです。もともと自分が何ものであるかよくわかっていたんだけれど、「誰も『あなたは何ものなの？』って訊いてくれないから、言う機会がなかった」なんてことは、ありません。相手がないときに、自分のことを考える人間なんていやしません。

いや、私はひとりでも考えている。ひとりで深夜、内面をえぐり出すような私小説を書いている。

なんていう人もいるかも知れませんね。

でも、小説とか手紙とか日記とかいうものも、やっぱり「相手」がいる書き物ですよ。

手紙を書き終えたあと、ふつう「ふう」とため息をついてから、とんとんと便箋《びんせん》を揃《そろ》えてから、煙草《たばこ》など一服つけて、目を細めて読み出すでしょう？　まるではじめて読む手紙であるかのように。

ほらね。

あなたはそのとき想像的に「手紙の受取人」（誰だか知らないけど）になって、あなたからもらった手紙を読んでいるわけです。

日記だって小説だって、同じです。

いくらひとりで書いていたって、「読み返す」というプロセスが介在《かいざい》する限り、そこで「読んでいる人」は機能的には「書いている人」とは別人になるほかないのです。

「こういう書き方だと誤解を招くかもしんないな」とか「あ、いけね。『しかし』を一行に二回使っちゃった」というふうに読んでいるとしたら、赤ペン片手に「朱《あか》を入れている」見知らぬ校正者と同じことです。

人間が自分について語ることができるのは相手がいる場合だけです。だからこそ、私たちは独り言を言う場合でさえ、ちゃんと日本語の文法に則して、日本語の語彙を用いて、日本語で音韻《おんいん》として認知《にんち》されている音を用いて語っているのです。独り言を録音しておいて誰かに聴かせても、ちゃんとわかってもらえる仕方でしか、私たちは独り言を言うことができません。

嘘だと思ったら、録音しても誰にも意味がわからず、自分だけにその意味がわかる「独り言」を言ってみてください。ほら、はやく。

ダメですよ。「ほが、へげろ。ふごげ」とか言っても。それじゃ、自分にだって意味わかってないんだから。

他我《たが》

「相手がいる」ことを想定しないと、何もできない。それが人間です。

「人という字は人間が支え合うところを象形している。支え合うのが人間である」ということを言う人がいますけれど、これは残念ながら、嘘です。「人」は人間が横を向いているところの図形ですから。

でも「支え合っている」というのは、紛《まぎ》れもない事実ですね。

例えば、私が何かを見ているという経験は、私以外にその同じものを別の視点から見ている「誰か」を想定しないと成立しません。

だって、そうでしょう?

私が一軒《いっけん》の家の前面に立っているとします。階段があって、その先にドアがあって、呼《よ》び鈴《りん》がついてる。どうしてそれが「家の前面」であるとわかるかというと、横へ回り込むと「家の側面」があって、さらに回り込むと「家の裏側」があり、脚立《きゃたつ》をかけて上から見下ろすと「家の屋根」がある……ということを「知っている」からですね。見てないけど、知っている。だって、その気になって、そこに行けば必ず見えるはずだから。

この「その気になって、そこに行ったときの私」というものを何人も想定することによって、はじめて「私が見ているのは一軒の家の前面である」という判断が成立するわけです。でも、この「その気になって、そこに行った私」って、「私」じゃないでしょう？「昨日の私」や「明日の私」が「私」ではないように。「あのとき勉強していたら今頃《いまごろ》は……の私」とか「これからダイエットして痩《や》せたあとの美しく変貌した私」がやっぱり「私」ではないように。

「今の私」というのは、無数の「私がそれであったかもしれない私、私がそうなるかもしれない私」を控除《こうじょ》した「残り」です。そういう無数の「可能性としての私」を縦横にずらりと並べてはじめて、「今、ここにいる、当のこの私」がとりわけ何ものであるかということが言えるわけです。

哲学では、この「控除された無数の私の似姿」のことを「他我」（alter ego）と呼びます。「私の潜在的《せんざいてき》なアナザーサイド」ですね。

この「他我」の機能は、先ほどの「手紙を書いたあとに、まるではじめて読むかのような気分で自分の手紙を読み直すときの心持ち」のようなものです。

私たちの話は、つねに聴き手を前提し、その聴き手にどう届くかということを気づかいながら語られます。

その人にもっと深く自分を知ってほしい、もっと強く自分を愛してほしい、敬意を抱いてほしいと思ったから、あなたは自分が誰であるかについての、それまであなた自身にも隠されていた情報を発見することになったのです。

もともとあなたには自分が誰であるかがわかっていて、たまたまそれを告げたくなるような相手がいなかった、ということではありません。それを聴く用意のある人間に出会うまで、私たちは自分の「ほんとうに言いたいこと」をことばにすることができません。そういうものなんです。

私たちは聴き手から愛情や理解や敬意を獲得するために、自分の過去について語ります。未来への志向を含まない回想は存在しません。

それは聴き手という「他者」が事実的にそこに存在せず、「聴き手」として想定された「他我」を相手にして、独り言を言っている場合でも、まったく変わらないのです。

前未来形で語られる過去

今お話ししたのは、私の独創ではありません。これはジャック・ラカンという精神分《ぶん》析《せきか》家の説です。

この本では、そういうむずかしい学者や面倒な理論のことはできれば触れずに済ませたいのですが、絶対にはずすことのできない人の名前というのはやはり残ります。ラカンはそのようなレアな人名の一つです。もちろん、原著を読まないとわからないようなややこしい話はいたしません。ぜんぜん予備知識のないみなさんにもわかるように、嚙《か》んで砕《くだ》いてご説明しますから、ご心配なく。

そのラカンは「人間は前未来形で過去を回想する」ということを言っております。「前未来形」というのは、英語でいう「未来完了形《かんりょうけい》」のことです。未来完了形って、知ってますよね。will＋have＋過去分詞。「私は今日の夕方にはこの仕事を終えているでしょう」というような文型です。未来のある時点において完了しているであろうことを表す時制です。

私たちは過去を回想しながら物語るとき、その回想を終えた時点（今はまだ語っている途中《とちゅう》なので、それは「未来のある時点」ということになります）において「完了しているであろうこと」（つまり、私の話を聞き終えた聴き手からの理解や愛や敬意の獲得）をめざして語ります。

するどい考え方だと思いませんか？

私ははじめてラカンのこの考え方を読んだときに、ほんとうにびっくりしました。

「あ、そうか、そうだよな！」といろいろなことが腑《ふ》に落ちました。

みなさんは、まだぴんと来ませんか？

じゃあ、実際に、あなたが聴き手を前にして、過去を回想している場面を想像してみてください。「あのさ……」とあなたが過去の出来事を語り出しました。

聴き手があなたにとってどうでもいい相手の場合を考えてみてください。

どうですか？　あなたの回想はあまり熱が入りませんね。だって、その人にどう思われようと、あまり関係ないから。

そういう場合に、あなたが語って聞かせるのは、たいていこれまでに何十回も繰《く》り返《かえ》した「いつもの話」です。自慢話でも、笑い話でもいい。とにかくある種の効果があることが経験的にわかっているので、何度も使い古した「できあいの物語」。そういう話はいくら繰り返しても、あなた自身には何の発見もありません。テープレコーダーで同じ曲をエンドレスで繰り返しているようなものですからね。

みなさんはまだあまり見聞する機会がないでしょうけれど、オフィス街の居酒屋《いざかや》にゆくと、カウンターで赤い顔をしたサラリーマンが話しているのは、八五％くらいがこの手の話です。こういう話は聴くのも話すのも、ほんとうは時間の無駄なんですけれど、そのことに気づいている人はあまり多くありません。

それとは違って、あなたにとって特別にたいせつな人に向かって過去を回想する場合はどうなるでしょう？

話のとっかかりはやはり「いつもの話」です。これは仕方がありません。でも、話の展開は微妙《びみょう》に変わってきます。

というのは、「いつもの話」のある箇所《かしょ》に来たとき、聴き手の反応がなんだかつまらなそうだと、あなたはあわてて出すからです。

「お、こりゃまずい。受けてない……」と思うと、あなたはとりあえず話の修正を始めます。口調を変えたり、よけいな部分をはしょったり、説明が足りないところを補ったり、具体例を挙げたり……いろいろ手を加えます（こういう努力は「どうでもいい相手」のときには節約するものです）。

逆に、相手が乗ってきたら、「お、この話が受けるみたいだな。では……」というので、そこをどんどんふくらませてゆく。

そうやって何十分か話した後、話を語り終えたとします。

さて、この話を語ったのは誰でしょう？

あなたでしょうか？

なんだか違うような気がしますね。だって、たしかに語ったのはあなたなんですが、話し始める前に「こういう話をしよう」と予定していたあなたと、語り終えたあなたは、微妙に別人だからです。あなたは聴き手が「聴きたがっている話」を選択《せんたく》的にたどって、いつのまにかこんな話をしてしまったわけです。

では、この話を導いたのは、「こんな話を聴きたい」と願った聴き手の側の願望なのでしょうか？

これも違うような気がします。だって、「この人は、私からこんな話を聴きたがっているのではないか」と想像したのはあなたなんですから。

つまり、あなたの話をここまでひっぱってきたのは、あなた自身がはじめに用意していた「言いたいこと」でもなく、聴き手の（「こんな話が聴きたい」という）欲望でもなく（だって、他人の心の中なんて、あなたにわかるはずがないから）、あなたが「聴き手の欲望」だと思い込んだものの効果だということです。

そういうものなんです。

あなたが話したことは「あなたがあらかじめ話そうと用意していたこと」でも、「聴き手があらかじめ聴きたいと思ったこと」でもなく、あなたが「この人はこんな話を聴きたがっているのではないかと思ったこと」によって創作された話なんです。

奇妙《きみょう》に聞こえるかも知れませんが、この話を最後まで導いたのは、対話している二人の当事者のどちらでもなく、あるいは「合作」というのでもなく、そこに存在しないものなんです。

二人の人間がまっすぐ向き合って、相手の気持ちを真剣《しんけん》に配慮しながら対話をしているとき、そこで話しているのは、二人のうちのどちらでもないものなんです。


対話において語っているのは「第三者」です。

対話において第三者が語り出したとき、それが対話がいちばん白熱しているときです。言う気がなかったことばが、どんどんわき出るように口からあふれてくる。自分のものではないようだけれど、はじめてかたちをとった「自分の思い」であるような、そんな奇妙な味わいのことばがあふれてくる。

見知らぬ、しかし、懐《なつ》かしいことば。

そういうことばが口をついて出てくるとき、私たちは「自分はいまほんとうに言いたいことを言っている」という気分になります。

うなぎ

こういうのはよくあることなんです。不思議な話でも何でもなくて、昔からそういうもんなんです。

詩人が「霊感《ミューズ》」と呼んだり、ソクラテスが「ダイモニオン」と呼んだり、小説家や漫《まん》画家《がか》が「登場人物が勝手に動き出して……」と説明したりするのは、すべてこのような経験のことです。

これについては、作家ご本人の証言を聞く方が話が早いかも知れませんね。村上春樹《むらかみはるき》さんにご登場願って、ちょっと聞いてみましょう。小説を書くというのはどういう経験なのか。

村上春樹：僕《ぼく》はいつも、小説というのは三者協議じゃなくちゃいけないと言うんですよ。

柴田《しばた》元幸《もとゆき》：三者協議？
村上：三者協議。僕は「うなぎ説」というのを持っているんです。僕という書き手がいて、読者がいますね。でもその二人だけじゃ、小説というのは成立しないんですよ。そこにうなぎが必要なんですよ。うなぎなるもの。
柴田：はあ。
村上：いや、べつにうなぎじゃなくてもいいんだけどね（笑）。たまたま僕の場合、うなぎなんです。何でもいいんだけど、うなぎが好きだから。だから僕は、自分と読者との関係にうまくうなぎを呼び込んできて、僕とうなぎと読者で、三人で膝《ひざ》をつき合わせて、いろいろと話し合うわけですよ。そうすると、小説というものがうまく立ち上がってくるんです。（…）
必要なんですよ、そういうのが。でもそういう発想が、これまでの既成の小説って、あんまりなかったような気がするな。みんな読者と作家とのあいだだけで。ある場合には批評家も入るかもしれないけど、やりとりが行われていて、それで煮詰《につ》まっちゃうんですよね。そうすると「お文学」になっちゃう。

でも、三人いると、二人でわからなければ、「じゃあ、ちょっとうなぎに訊いてみようか」ということになります。するとうなぎが答えてくれるんだけど、おかげで謎《なぞ》がよけいに深まったりする。そういう感じで小説書かないと、書いてても面白《おもしろ》くないですよ（笑）。（柴田元幸『柴田元幸と9人の作家たち』アルク、二〇〇四年）

書くときに、村上さんがときどき呼び出すのは「うなぎ」だそうです。

なかなかスパイスの効いた比喩《ひゆ》だと思いませんか？

「うなぎ」というのは日本人がいちばん好きな食べ物だからです（日本人が臨終の床《とこ》で「最後に食べたいものは？」と訊かれると、いちばん多いのは「鰻丼《うなどん》」だそうです。「カレー」や「ラーメン」をいまわの際《きわ》にリクエストする人はたしかにあまりいそうもないですね）。

ところが、それにもかかわらず、うなぎという魚は、いまだにその生態がまったく知られていない「謎の魚」なんですね、これが。川や沼《ぬま》にごろごろいますけれど、産卵《さんらん》するのは太平洋の深海で、それがどこであるかはまだ判明していないのです（一説によると、日本海溝《かいこう》の奥底《おくそこ》に「クィーン・エイリアン」みたいな巨大な「クィーン・うなぎ」がいて、それが日本人が食べるすべてのうなぎをぽこぽこ産卵しているそうです。ほんとですかね)。

とにかく、村上春樹さんにとって、創作において決定的な役割を果たしているのが「日本人が大好き」であるにもかかわらず、「どうやって生まれてくるのかが謎」である「うなぎ」であるというところが「深い」ですね。

原因と結果

　話を少しだけもとに戻《もど》しましょう。

「学ぶ」と「話し合う」は違うか？　というところから始まった脱線《だっせん》でしたね（それにしても、この本は脱線ばかりで、さっぱり本線を進みません）。

　ここまでの話を聞いた後、みなさんの考え方、少しは変わりましたか？　なんとなく、頭がぐるぐるしてきたくらいのことは起こりましたか？

　とりあえずは「この本を読み始める前よりも、頭が混乱してきた」という感じがすれば、十分です。まだ、先は長いし。

　では「話し合う」ということについて、ひき続き根源的に考えてみることにしましょう。

　今見てきたとおり、「対話」というのは、みなさんが想像していたほど簡単なものではありません。なにしろそこには対話をしている二人の他《ほか》に「うなぎ」も参加しているわけですからね。

対話というのは、当事者二人それぞれが手持ちの情報を差し出して、それと等価の情報と「はい」と交換《こうかん》するというものではありません。

たぶんみなさんはこれまでそういうものだと思っていたと思います。「話し合い」というのは、ファーストフードでお金を出すと「てりやきバーガー」が出てくるようなものだ、と。

あなたは「お金」を持っていて、先方は「てりやきバーガー」を持っている。それぞれが「持っているもの」をやりとりする。そういう合理的なシステムだと思っていたのではありませんか?

そうじゃありませんよ。

だって、対話においては、あなたが話し終わるまで、あなたが何を話すか相手は知らないし、相手が話し終わるまで、相手が何を話すかあなたは知らないんですから。

どちらも、話を始めるときは、相手が何を話すか知らないんです。

にもかかわらず、というか、だからこそ、対話をするわけですね、私たちは。

これはファーストフード店でのやりとりとは、かなり事情が違います。

どう違うのか。


さきほど見てきたように、白熱した対話を経験すると、私たちは話をし終えたあとに「ほんとうに言いたかったこと」を言ったような気分になります。

実は、それと同じことが相手の側でも起こっているんです。

聴いている方も、「ああ、私はそういうことが聴きたかったのか」と思っていたんですね、これが。

話した方の達成感がそのまま聴き手にも伝染していたんです。

そういうものなんです。そういうものですよね。みなさんだって、経験があるでしょう?

達成感とか満足感というのは、とても暖かい、深い感情です。だから、そういう感情は周りにいる人にもじわじわと伝わります（その反対に、不満足感や飢餓《きが》感も、やはり周りの人にじわじわと伝わります）。

まして、その人が達成感や満足感を覚えたのは、他ならぬあなたのおかげなんです
（だって、あなたが真剣に耳を傾けたせいで、語り手は「自分がほんとうに言いたかったこと」を発見できたんですからね）。

だったら、その喜びがあなたにもストレートに伝わってくるのは、当たり前のことですよね。

あなたがある人の話を聴きました。とても長く、熱の入った話でした。それを聴いて、あなたはなんだかうれしくなった。

どうして、「うれしくなった」んですか？

「そういう話を聴きたいとずっと前から思っていたから。」

そうですね。

今聴いたばかりの話を「ずっと前から聴きたいと思っていた話」だと思うのは、よくあることなんです。

「一目《ひとめ》惚《ぼ》れ」がそうでしょう？

「一目惚れ」というのは、「今会ったばかりの人」のことを「ずっと前から会いたいと思っていた人」だと信じ込むことですよね。この人とは「いつか出会うことを運命づけられていた」というような不思議な既視感を味わうことですよね。

それと同じ種類の既視感が気分のよい対話でも経験されます。気分のよい対話では、話す方は「言うつもりのなかったこと」を話して、「ほんとうに言いたいことを言った」という達成感を覚えます。聴く方は「聴くつもりのなかった話」を聴いて、「前から聴きたかったことを聴いた」という満足感を覚えます。言い換えると、当事者のそれぞれが、そんな欲望を自分が持っていることを知らなかった欲望に気づかされる、という経験です。

まさしく、それを経験することが、対話の本質なんです。

変な話です。

たしかに、ちょっと変です。ふつうに考えると、ことの順序が違うような気がしますから。でも、ここでたいせつなことをみなさんに一つ教えておきます。

それは、人間はほんとうに重要なことについては、ほとんど必ず原因と結果を取り違える、ということです。

コミュニケーションはその典型的な事例です。

私たちに深い達成感をもたらす対話というのは、「言いたいこと」や「聴きたいこと」が先にあって、それがことばになって二人の間を行《ゆ》き来《き》したというものではありません。そうではなく、ことばが行き交《か》った後になって、はじめて「言いたかったこと」と「聴きたかったこと」を二人が知った。そういう経験なんです。

これは人類がコミュニケーションということを始めた、そもそもの最初からずっとそうなんです。

そのことを説明しましょう。これもまたけっこう長い話です。トイレに行く人はいまのうちに。コーヒー飲みたい人もいるみたいですから、ちょっと休憩《きゅうけい》入れましょうか。

沈黙《ちんもく》交易

はい、では再開します。

「沈黙交易」ってご存じですか？

「沈黙交易」というのは、言語も通じないし、文化や社会組織も違う異部族間で、それぞれの特産品を無言のうちに交換する風習のことです。

例えば、双方《そうほう》の部族のどちらにも属さない中間地帯のようなところに、岩とか木の切り株とか、そういう目立つ場所があるとしますね。そこに一方の部族の人が何か彼らのところの特産品を置いてきます。そして、彼が立ち去った後に、交易相手の部族の人がやってきて、それを持ち帰り、代わりに彼の方の特産品をそこに残してゆく。そういうふうにして、顔を合わせることなしに行う交易のことを「沈黙交易」と言うのです。

これがたぶん交換というものの起源的な形態ではないかと私は思います。

どこが「起源的」かと言いますと、「言語も通じないし、文化や社会組織も違う」もの同士のあいだで「特産品」をやりとりする、という点です。

言語も社会組織も違う集団というのは、言い換えると価値観が違う集団ということですよね。あるいは、ものの価値を計るときに使う度量衡《どりょうこう》を共有していない集団と言い換えてもいいです。

そのような集団がそれぞれの「特産品」を取《と》り替《か》える。

「特産品」というのも、たいせつな条件ですね。

両方の部族がどちらも所有していて、その使用価値がわかっている品物を交換するわけではないんです。「特産品」というのは、みなさんも旅行先でお土産店《みやげてん》なんかで見たことがあるでしょうけれど、しばしば何に使うのかわからないものですね。「すりこぎ」だと思ったら、ゆでて食べるものであったり、食べものだと思ったら、入浴剤《にゅうよくざい》だったり。

そういうことがありますね。

「特産品」というのは、本来はその集団外の人間には、その使用価値がわからないもののことです。何度も同じものを受け取っているうちに、「ああ、これはこうやって使うのか」と誰かが気づいたでしょうけれど、少なくとも、いちばんはじめに沈黙交易が行われた、一回目の交換のときには、その価値の知られないものだった。

ものごとを根源的に考えるときは、ここのところがかんじんです。その制度の「起源」に立ち返るということです。最初の最初はどうだったのかを考えることです。沈黙交易の最初のとき、人間たちはそれにいかなる価値があるのかわからないものを交換し合った。

ここが話のかんどころです。

社会科の教科書には、ときどき「山の人は海産物を求め、海辺の人は山菜を求めて、特産物を交換しました。これが交易の始まりです」というような記述がありますけれど、こういうことを簡単に信じてはダメですよ。「山の方の人はタンパク質が足りず、海の方の人は繊維《せんい》質《しつ》が足りなかったので、特産物を交換しあった」なんていう栄養学的説明は後世の人間の「あと知恵《ぢえ》」です。魚を食べたことがない人が「魚で不足がちのタンパク質を補給しなきゃね」なんて思うはずがありません。

いかなる価値があるのかわからないものを交換しあうというのが沈黙交易の（言い換えると、起源的形態における交換の）本質です。私はそうじゃないかと思います。

クロマニヨン人たち（沈黙交易を始めたのは、彼らです。今からざっと五万年ほど前の話です）は、おそらく交換がしたかっただけなんです。だから、交換するものはなんでもよかった。

というよりむしろ、交換相手にとってできるだけ「なんだかわからないもの」を選択的に交換の場に残してきたんじゃないかと私は思いますよ。

だって、交換相手がその価値をよく知っているものや、すでに所有しているものだと、「なんだ、あれか……」ということで、それっきり沈黙交易が終わってしまう可能性がありますからね。

私が五万年前の史上最初の沈黙交易の当事者であったとしたら、ぜったいに「それがなんだか相手に簡単には見破られないもの」を交換のために選びますね。

それに対して、相手も負けずに「なんだかわからないもの」を置いてゆく。

それを囲んで、私たちはみんなで考える。「なんだろう、これは？」

当然、向こうでも、こちらの置いていった特産品を囲んで、こちらと同じことをやっています。

「どうして『あいつら』はこんなものに価値があると思って財貨として扱《あつか》っているんだろう？　どうもよくわからない」ということになると、「じゃ、ま、次行ってみようか」ということになりますね。

つまり、沈黙交易においては、価値のあるものを贈《おく》られたので、それにちゃんとお応《こた》えしようとして、等価物を選んで贈り返すわけではないんです。

価値がよくわからないものを贈られたので、困ってしまったんですね、これが。

困ってしまった。しかし、この窮状《きゅうじょう》を打開するためには、さらに交易を続けて、あちらが持ち込んでくる「商品」の価値がどういう基準で設定されているのか、とにかくそれを解明する他ない……ということになります。

当然そうなります。

私たちは相手が贈ってきたものがどういう価値のものかまるまる全部わかってしまう場合には、それ以上その人と取引する意欲が減退してしまうからです。

たとえば、私たちがいちばんその価値や意味がわかっているものというと「自分が今しゃべったことば」ですね。

よく子どもたちが相手を怒《おこ》らせようとして相手のことばをそのまま繰り返しますね。

「うるせんだよ。」

「うるせんだよ。」

「オレのことば、繰り返すなよ。」

「オレのことば、繰り返すなよ。」

「おい、ふざけるとぶん殴《なぐ》るぞ、ンナロ。」

「おい、ふざけるとぶん殴るぞ、ンナロ。」（このへんで、だいたい手が出ますね。）

つまり、価値のわかりきったものを交換するというのは、「交渉を断《た》ち切《き》りたい」という意思表示なわけです。完全な等価交換というのは、交換の無意味性、あるいは交換の拒絶を意味します。

ということは、「なんだか等価みたいな気もするんだけれど、なんだか不等価であるような気もするし……ああ、よくわかんない」という状態が交換を継続《けいぞく》するためのベストな条件だということになりますね。

実は、市場における商品の価値というのは、この「商品価値がよくわからない」という条件にかなりの程度まで依存《いぞん》しているんです。ですから、「どうしてこんな値段なの？」という商品というのは、ある種の「魔術性《まじゅつせい》」を帯びてくるのです。

三〇〇万円のロレックスの時計って、「どうして？」と思うような価格設定ですよね。計時機能だけに限って言えば、一万円のスウォッチでも「時間を計る」ということについてはまったくオッケーなわけです。

じゃあ、あとの二九九万円は「何の値段」でしょう？

それが「わからない」んですね。

ロレックス社もその価格設定に至った積算根拠というものを絶対に公開しません。だって、このような高価な材料を使い、このように熟練した職人を雇用《こよう》し、このような高度なスペックを達成し、このような充実《じゅうじつ》したアフターサービスが完備しておりますというようなことを顧客《こきゃく》に明らかにしたら……お客さん、どう思うでしょう？

「なるほど、これだけ手をかけているのか。さすがロレックスだな。これなら三〇〇万円でも少しも高くない。」

そう思いますよね。

そうなると、もう誰もロレックス買わないですよ。

だって「高くない」んだから。

みなさんがロレックスを買うのは「どうしてこんなに高いのかわかんない」ものを所有することによって、周りの人々が「おお、めちゃ高いロレックスじゃん。すげえ」と言ってくれることを期待してのことです。「おお、お値段リーズナブルなロレックスじゃん。賢《かしこ》い買い物したね」と言われたって、うれしくも何ともないです。

何年か前にユニクロのフリースが二〇〇〇万着売れたことがありましたね。どうしてだと思います？

どうしてこういう価格設定だか理解できなかったからですね。安すぎて。

どう考えても、この値段で買えるはずのない商品が買える。

「どうしてこんなものが……？」と消費者は考えます。そうなると、後は沈黙交易と同じです。「さらに交易を続けて、あちらが持ち込んでくる商品の価値がどういう基準で設定されているのか、とにかくそれを解明する他ない」という結論に達するわけです。

そして、魅入《みい》られたように、近場《ちかば》のユニクロに毎日通い、何かを購入《こうにゅう》するようになる。

交易というのは、そういうものなんですよ。みなさん。

みなさんは、まだお若いからビジネスというものの経験がないでしょうけれど、この機会によく覚えておいて下さいね（私は実はむかし友人たちと会社を経営していたことがあるのです。学者になるために引退しちゃいましたけれど）。

その経験から申し上げますが、ビジネスというのは、良質の商品を、積算根拠の明快な、適正な価格設定で市場に送り出したら必ず「売れる」というものではありません。

いや、一回目は売れるかも知れませんが、繰り返し同系列の商品が売れ続けるということは起こりません。

交易が継続するためには、この代価でこの商品を購入したことに対する割り切れなさが残る必要があるのです。クライアントを「リピーター」にするためには、「よい品をどんどん安く」だけではダメなんです。「もう一度あの場所に行き、もう一度交換をしてみたい」という消費者の欲望に点火する、価格設定にかかわる「謎」が必須《ひっす》なんです。

ふつうに考えると、相手の姿が見え、相手のことばが理解できて、相手と価値観が共有できる人間と、その意味や価値が熟知されている財を交換することが「交易」であるということになります。

しかし、おそらく話は逆なのです。ここでも人間は原因と結果を取り違えています。姿が見えず、ことばがわからず、価値観が違う人間（だかなんだかわからないもの）とも、何かをやりとりすることができたということの達成感が、交易を促《うなが》した「最初の一撃《いちげき》」です。それによって得られた快感を求めて、もうなんでもいいからじゃんじゃん交換しようということで、その「結果」として、財としての使用価値のわかっているものも交換されるようになったというのが、ことの順序ではないかと私は思います。

知らない部族から贈られてきた、その意味も価値も「わからないもの」を取り囲んで、ああでもないこうでもないとわいわい騒《さわ》ぐことそれ自体がなんだか愉《たの》しくて、五万年前のクロマニヨン人たちは交換を始めたのです。だって、想像すると、いかにも愉しそうでしょ?

交換をするのは、交換によって有用な財が手に入るからではなく、交換することそれ自体が愉しいからである。これが私の考えです。

交換とサッカー

だから、世に「経済的価値」といわれているものも、交易の後になって、事後的に発生したものと考える方がよい。私はそう思います。

だって、今申し上げたように、最初に「市場」に出品されたのは「なんだかわからないもの」なんですから。その「なんだかわからないもの」が欲望に点火して、その「なんだかわからないもの」に「経済的価値がある」ということになった。

経済的価値って、要するに交換を促す力のことですからね。

そうでしょ？　それが手元にあると、それを誰か別の人の持っている何か別のものと、できるだけすみやかに交換したい気になるもの。それが経済的価値のあるものです。それが手元にあっても、別に交換する気にならないもの、それが経済的価値のないものです。

経済的価値があるから交換の場に出されるんじゃありません。「交換の場に早く出さなきゃ……」と思わせるものに私たちは経済的価値を認めているのです。

いちばんわかりやすい例が貨幣《かへい》ですね。

貨幣というのは、カール・マルクスによれば（また人名が出てきましたが、気にしないでくださいね。この人も「すごく、頭のいい人」です。とりあえずそれで十分）、「究極の商品」です。

貨幣は商品だったんですよ。知りませんでした？

ふつう、商品は商品（てりやきバーガーとかゴム草履《ぞうり》とか）で、お金はお金で別のものだと思いますよね。でも、そうじゃないんです。貨幣は商品なんです。

だから、お金でものを買うのは、物々交換なんです。

『資本論』というのは、「貨幣とは商品である」という話から始まる本です。

では、貨幣の商品としての性格はどういうものでしょう？

いったい、貨幣にはどんな「経済的価値」があるのでしょう？

むかしは奴隷《どれい》とかサクラ貝とか金貨とか、それ自体に使用価値のあるものが貨幣になっていましたけれど、あるときに賢い人が「あ、貨幣というのは、何でもいいんだ！」ということに気がついて、紙幣になり、クレジットになり、ついに電磁パルスになりました（インターネット・バンキングで商品代金を送金するときは、キーボードを叩《たた》くだけです）。

紙幣だってほとんど使い物になりませんけれど（メモ帳にもならないし、鼻水もかめないし）、二進法でコード化された電磁パルスなんて、もうそれ自体としての使用価値はゼロですね。

使用価値ゼロの商品。それが貨幣です。

使用価値ゼロの商品である貨幣の商品性格とは何か？

簡単ですね。「使用価値がゼロであるにもかかわらず、商品である」という事実です。

どうして、そんな事実が貨幣の商品価値を構成できるのでしょう？

これは考えれば、すぐにわかります。

みなさんが「使用価値がゼロであるにもかかわらず、商品であるもの」を今手元に大量に持っているとしたら、どうします？

簡単ですね。
誰か別の人の持っている、貨幣以外の何かと交換する。それしかありませんね。
貨幣にはそれ以外の使い道がないんですから。

机の引き出しの中に一円玉が転がっていても、別にそれを早急に何かと交換しなければならないという切迫《せっぱく》感を感じることはありません。けれども、たまたま宝くじで当たった一〇〇万円を持っていたら、そうはいきません。これがあったら「あれも買えるし、これもできるし……」とわくわくしちゃって、とても勉強なんか手に付きません。

一円玉と一〇〇万円の札束の違いというのは、要するにそういうことです。貨幣を何か別のものと交換しなければならないという切迫感が一〇〇万円は一円の一〇〇万倍である、という、ただそれだけのことです。

「何か別のものと交換したくて、たまらなくなる」気持ちを亢進《こうしん》させる力、それを私たちは「経済的価値」と呼んでいるのです。

どうしてそういうことになっているかと言いますと（さきほど申し上げました通り）、誰かと何かを交換することが私たち人間にとっては、尽《つ》きせぬ快楽をもたらすからです。どうして、それが快楽なのか、その理由を私たちは知りません。

交換のうちに快楽を見出《みいだ》したのは、クロマニヨン人とされています。その前のネアンデルタール人までは、交換をしなかったからです。それはネアンデルタール人の遺跡《いせき》からわかります。そこからは彼らの住居の近くにあるものしか発見されません。

でも、クロマニヨン人になると、海岸から何千キロも離《はな》れた内陸部の遺跡から、貝殻《かいがら》や珊瑚《さんご》が発見される。クロマニヨン人だって、そんなに健脚《けんきゃく》じゃありませんから、海まで貝殻を拾いに行ったわけではありません。近隣《きんりん》の集団と交換したんです。その集団はそのまた隣《となり》の集団から何かと交換して手に入れた……。

そういうふうにして、短期間のうちに、おそらくは沈黙交易によって、ある「商品」が何千キロも移動したわけです。

そして、そういうプロセスにおいて、いちばん早く移動したものは、内陸部の人は見たこともさわったこともないもの（サクラ貝の貝殻とか）だったわけです。

どうして、そういうものがいちばん早く移動するか、ここまでの話から、その理由はもうおわかりですね。

そう、「それが何を意味するのかわからないもの」だから。

だって、わくわくするじゃないですか。なんだかわからないものを手に入れると。そして、次にどうしますか？

「オレらにはこれがなんだかよくわからなかった。ということは、ぜったいアイツらにも、これがなんだかわからないぞ。よし、次の交易のときには、これを置いてこよう。きっと頭抱《かか》えるぞ……ふふふ」ということになりますね。

だから、「なんだかわからないもの」が沈黙交易を介した部族間交易では、もっとも早く移動することになります。

パスですね。

そう、サッカーといっしょなんですよ、交易というのは。

サッカーのボールは貨幣と同じ役割を果たしています。

ボールそのものには価値がない。もともとは宗教的儀礼《ぎれい》から発祥《はっしょう》したらしいですから、ボールの代わりに生首とか頭蓋骨《ずがいこつ》とか、そういう呪術《じゅじゅつ》的な道具を使っていたようです。でも、そのうちに、別にボールそのものには意味がなくてもゲームの楽しさは少しも変わらないということに、人々は気がついた。

ボールに求められる機能は、「最も速く移動する能力」だということに。

ボールそのものを所有していても、それには何の価値もない。ボールはプレイ中だけ価値がある。パスされている間、運動状態にある間だけ価値がある。ボールの運動が停止するとき（ラインを割ったときや、ゴールしたとき、ゲームが終わったとき）、ボールは無価値になる。

そして、すべてのプレイヤーの努力は、相手ゴールにボールを「贈る」ことに注がれています。自陣《じじん》のゴールにボールを「獲得する」ことじゃないんです。

不思議だと思いませんか？

もしボールそれ自体に価値があるものだったら、得点は、「自陣に蹴り込む」たびに加点されるべきですね。そうですよね？

でも、そうなっていない。どうしてでしょう？

ひとつここで、自陣のゴールにボールを蹴り込むことで得点するというサッカーを想像してみてください。

この「裏サッカー」でのゴールキーパーの仕事は、自陣のゴールにどんどんボールを放り込むことです。フィールダーは味方ゴール近くにとにかくボールを集める。敵のフォワードはそれを邪魔するけれど、キーパーがボールに触れれば、まず間違いなくそのたびに得点が期待できる。

これだとすごいハイスコアのゲームになって、すごくスリリングになるか……と思うと、ぜんぜんおもしろくないんですね。嘘だと思ったら、実際に「裏サッカー」をやってみてください。たぶん五分で飽《あ》きますよ。

だって、そういう規則だともう誰もパスをしなくなるからです。

先にボールを手に入れたチームはゴールの前に壁《かべ》を作って、敵を寄せ付けないようにしておいて、その「壁」の内側で、ひとりのフィールダーとキーパーがボールを蹴りっこして、「はい一点、はい二点、はい三点……」と無意味な足し算をすることになります。

なんてつまらないゲームでしょう！

サッカーは交易の原初的形態を現代におそらく伝えているゲームだろうと私は思います。それはやりとりされるものには価値がなく、やりとりという行為そのものがこの遊びの愉悦の源泉であるからです。

大航海時代とアマゾン・ドットコム

ルネサンスの頃に、「大航海時代」というのがあったのを覚えていますか？（おっと、話がどんどん飛びますね。でも、ご安心下さい。ちゃんと「先生」の話に着地しますから）。

ヨーロッパの人たちは帆船《はんせん》を仕立てて、海図もろくにない時代に、どんどん交易圏《こうえきけん》を広げてゆきました。新大陸や「黄金の国」ジパングめざして。

世界史の教科書には、たぶん「塩、象牙《ぞうげ》、金銀、奴隷などイスラム貿易圏の特産品をキリスト教徒の手に収めることなどの目的で、国をあげて探検航海を推進した」というふうな市場経済的な説明がされていたんじゃないかと思います。

でも、ほんとにそうでしょうか？

海図もろくにない時代に、あんなちっぽけな帆船で、行く先も知れない航海に出るというのは、命がけの仕事です。「もっと金がほしい」というような功利的な動機で人間がそんなことするでしょうか？

私はそんな説明信じませんね。

人間を交易へと駆《か》り立《た》てたいちばん強い動機づけは、商品や貨幣の価値や有用性ではなく、むしろ「交換への欲望」そのものです。

大航海時代もまた、その欲望が急激に亢進した時期でした。

何世紀かヨーロッパの中で商売をやってきているうちに、どこでもことばが通じるようになり、誰と交換しているのかがはっきりしてきて、交換されている商品の価値や意味もみんなわかってしまった。そしたら、退屈してきたんです。ヨーロッパのみなさんも。クロマニヨン人の末裔《まつえい》だから。

そして、交換の起源的形態をもう一度経験したくなった。沈黙交易がまたやりたくなった。

ことばも通じない相手と、何の価値を持つのかわからない「特産品」のやりとりをするという、あの交換の起源にもう一度立ち戻りたくなった。そのために、遠くアフリカやアメリカ大陸やオセアニアやアジアにどんどん出かけていった。私はそう思います。

うれしいことに、そういうところに行くと、ちゃんとことばが通じない相手がいて、こちらがヨーロッパの特産品を置いてゆくと、ちゃんと「なんだかわからないもの」を代わりに置いてくれる。オランダ人がビーズ玉をあげたら、ハッケンサック族のインディアンは「じゃ、これあげる」と代わりにマンハッタン島をくれた。これは愉しいですよね、オランダ人にしてみたら。笑いが止まりません。

そんなふうにしてヨーロッパ人によって「新世界」はやがて隅々《すみずみ》まで植民地化されてゆくわけですが、その根本にあった航海への動機は、別に植民地を増やしたいとか、象牙や砂糖や胡椒《こしょう》がほしいというような功利的なものだけでは尽くせなかったのではないかと私は思います。

ルネサンスの時代、大航海時代は「人間の再発見」の時代だと言われます。どうして「人間の再発見」かというと、この時期にヨーロッパの人たちは、たぶん久しぶりに(何万年ぶりかで)「人間とは何か?」という根源的な問いに突き当《つあた》ったからです。

どこから、いつから、何をきっかけにして、私たちは人間になったのか? そういう問いが出てきたときに、「誰とでも交換をすることができるもの」というクロマニヨン人がネアンデルタール人と分岐《ぶんき》したときの根本的な違いを（それとは知らずに）思い出したんです。きっと。

「どうして、この時期に？」ということを論じ出すと「ルネサンス論」を一冊書かないといけなくなるので、話はここで切り上げます。でも、これは別に一五―一七世紀のヨーロッパに限ったことではありません。私たちは機会さえあれば、交換の原初の形である沈黙交易に戻りたがる傾向《けいこう》があります。

インターネットでものを買うネットショッピングや、TVでやっているTVショッピングや、『通販生活』は、実は沈黙交易の新ヴァージョンじゃないでしょうか？

私もアマゾン・ドットコムで本やDVDを買ったり、『通販生活』でメディカル枕《まくら》を買ったりしているんで、人のことは言えないんですけれど、こういう買い物って、本当は損なんですよね。割高なんです、実は。店に行って買えば、もっと安く買えるんだけれど、キーボードをちゃかちゃか叩いたり、ファックス一枚送信するだけで、二、三日するとピンポンとチャイムを鳴らして、宅配便のお兄ちゃんが「はい」と品物を届けてくれる。これがなんというか、気分がいい。気分がいいので、はまる人はどんどんはまって、家中に不要不急の鍋《なべ》だの湯沸《ゆわ》かしだのがたまってくる。

私も以前にＬＬビーンの通販で服をじゃんじゃん買っていたときがあって、このときにまったく同じセーターを三枚買ったことがありました。カタログを見て、「あ、これいいな」と思うと、深く考えもせずに発注して、気が付いたら同じものが三枚あった。三枚目を注文したときに、同じのを二枚持っていることを思い出せなかったということは、前のセーターをまるで着てなかったということですよね。

店で買うより割高の、それも不要不急の品物を、買わずにはいられないというこの衝《しょう》動《どう》はどこから来ると思いますか？

通販が本質的なところで沈黙交易的だからだと私は思います。

交換相手の顔も見えないし、声も聞こえない。無言でお金を送金すると、無言で品物が届けられる。相手がそういうふうに見えないものであればあるほど、私たちは「交換を継続したい」という、どうにも抑《おさ》えがたい衝動を感じてしまう。理由は不明。でも、クロマニヨン人以来、ずっと人間はそうなんです。

それに第一、どうして社名が「アマゾン」なんです？

変でしょう？

もっとも先端的なネットビジネスの会社名が、どうして世界でもっとも深い密林地帯を流れる川の名前なんです？　なんで「ハドソン・ドットコム」とか「セーヌ・ドットコム」とか「スミダガワ・ドットコム」じゃないんです？

アマゾン・ドットコムの創業者はおそらく自分たちのビジネスが本質的なところでかつて《マト・グロッソ》の密林の奥でインディオたちが行っていた沈黙交易と同質のものであることを直感していたんだと思いますね。

話は最初に戻って

さて、いい加減に話を本筋に戻しましょうか。

なんだかずいぶん脱線に脱線を重ねてしまいましたからね。でも、ご心配なく。これは実は方向違いのところへの脱線じゃありません。ここまでが教育の話のマクラなんです。ここまでの話をふまえておいていただかないと、教育論はわからない。そういう仕《し》掛《か》けになっています。

脱線がはじまったきっかけの問いを覚えていますか？

「学ぶ」とはどういうことか、「話し合う」とはどういうことか、という問いでしたね。そこから長い長い脱線が始まってしまったのでした。

もう一度、ちょっとだけおさらいをしておきましょう。

「話し合い」というと、ごく平凡《へいぼん》な出来事のように思われますけれど、よくよく考えてみると、そこでは不思議なことが起きています。

一つは、自分が何を考えているのかを、自分が語り終えたそのことばをつうじて知るということ（あらかじめ頭の中にできあがったフレーズをただ「複写」するような話をしている限り、自分がほんとうは何を考えているのかを私たちは知ることができません）。

一つは、私たちが語っているとき、その語りを導くのは、聴き手の欲望（と私たちがみなしているもの）だということ。

この二つです。そのあと、話題は貨幣や沈黙交易のところに転々としてしまいましたが、実はそれらが全部同じ話だったことに気づかれましたか？

問題になっているのは、いつでもコミュニケーションなのです。

「話し合い」もコミュニケーションですし、「交易」もコミュニケーションです。

コミュニケーションというのは、要するに、何かと何かを取り替えることです。そして、沈黙交易のところで明らかになったように、何かと何かを取り替えたいという欲望がもっとも亢進するのは、そこで取り替えられつつあるものの意味や価値がよくわからないときなのです。

だって、「わかる」とそれ以上コミュニケーションを続ける意欲が失われてしまいますからね。沈黙交易の場に、見慣れたものが置いてあったら、「なんだ、あれか」と思って、それ以上交易を続ける気分じゃなくなりますからね。

人間同士のコミュニケーションはいつだってそうです。

「もう、わかったよ」とか「だから、その話は、もう聞いたってば」というのは、「私はあなたの言いたいことをたいへんよく理解しました。ピース」というような友好的なメッセージではありません。どちらかというと「わかったから、黙《だま》れ」というコミュニケーションの打ち切りを意図する信号ですね。

私たちが会話においていちばんうれしく感じるのは、「もっと話を聞かせて。あなたのことが知りたいから」という促しです。でも、これって要するに、「あなたが何を言っているのか、まだよくわからない」ということでしょう?

私たちが話をしている相手からいちばん聞きたいことばは「もうわかった（から黙っていいよ）」じゃなくて、「まだわからない（からもっと言って）」なんですね。

恋人に向かって「キミのことをもっと理解したい」というのは愛の始まりを告げることばですけれど、「あなたって人が、よーくわかったわ」というのはたいてい別れのときに言うことばです。

ごらんの通り、コミュニケーションを駆動《くどう》しているのは、たしかに「理解し合いたい」という欲望なのです。でも、対話は理解に達すると終わってしまう。だから、「理解し合いたいけれど、理解に達するのはできるだけ先延ばしにしたい」という矛盾《むじゅん》した欲望を私たちは抱いているのです。

対話へと私たちを駆り立てるのはその欲望です。

理解を望みながら、理解に達することができないという宙づり状態をできるだけ延長すること、それを私たちは望んでいるのです。

対話の相手がこちらの話を聞いて、いかにも「そんなの全部分かってるよ」と気ぜわしくうなずかれると、ちょっとむっとしますね。

でも、それって考えると、変でしょう？

相手に「君が言いたいことはわかった」と言われると、人間は不愉快になるんです。

メッセージの正確な授受ということがコミュニケーションの真の目的だとしたら、メッセージが正確に受け渡しされたときに不愉快になるというのはおかしいですね。

ということは、もしかするとコミュニケーションの目的はメッセージの正確な授受じゃないのではないか……という疑問が湧《わ》いてきます。

コミュニケーションの目的は、メッセージの正確な授受ではなくて、メッセージをやりとりすることそれ自体ではないのでしょうか？

だからこそ、コミュニケーションにおいては、意思の疎《そ》通《つう》が簡単に成就しないように、いろいろと仕掛けがしてあるのではないでしょうか？　そうすれば、コミュニケーションがどんどん延長されますから。

あべこべことば

コミュニケーションにおいて意思の疎通が簡単に成就しないように、いろいろ仕掛けがしてあるって、どういうことでしょう。

ふつう、コミュニケーションが円滑《えんかつ》に進行するようにあれこれと工夫《くふう》をするということは聞きますけれど、コミュニケーションがうまくゆかないように工夫するというのは、ちょっと話がおかしいですね。

でも、そうなんです。

「あべこべことば」って知ってますか？　私が勝手につくった造語ですから、知らなくて当然ですけれど、それがどういうものかは例を挙げれば、すぐにわかります。

例えば、「適当」というのは、どういう意味でしょう？

「適当な答えを記せ」という場合は、「ぴたりと適切な」という意味ですね。でも、「あいつは適当なやつだ」とか「適当にやっといて」という場合は、むしろ「ぴたりと決まらないで、ポイントが多少ずれている」という意味ですね。

これ、変じゃありませんか？

「いい加減」もそうですね。

「湯加減どう？」「お、いい加減だよ」というときは「程度が適当である」ということですね。「いい加減な野郎だな、お前は」というときは「程度が不適当である」ということですね。

挙げればきりがありません。

でも、これは日本語だけじゃないんです。古今東西世界中のどんな言語にも、まったく正反対の意味をもつ語というのがあります。それも、日常的によく使う語に。

これはフロイト博士が引いている例ですけれど（フロイト博士はラカンの師匠に当たる人です。この人もマルクスともども「すごく、頭のいい人」ですので、機会があったら、ぜひ『精神分析入門』を読んでみてください）、古代エジプト語では「大きい」と「小さい」はどちらも「ケン」という同じ単語だったそうです。その違いを古代エジプト人は音のピッチの微妙な違いや、前後の文脈から判断したわけです。ラテン語の「サケル」も「神聖な」と「呪《のろ》われた」という二つの意味があります。英語では with には古くは「……といっしょに」と「……を除いて」の両方の意味があったそうです。

どうして、こういうややこしいことをするんでしょう?

昔見たTVドラマで、こんな場面がありました。男の子が女の子に「オレのこと好き?」と訊くと、女の子が「好きよ」と答える。すると男の子がちょっといらついて、「その『好き』じゃなくて!」と言うんです。

男の子が期待していたのは、「異性として好き」という答えでしたけれど、その問いに対して女の子(中山美穂《みほ》だったんですけどね)は、「友だちとしては好き(だけど、異性としては興味なし)」と答えたのでした。

でも、奇妙ですよね。「異性として好き」と「異性としては好きではない」というまったく相反する状態をどちらも「好き」という同一の語で表していて、それを二人ともちゃんと使い分けできているんですから。

ところで、いまのシーンで、男の子がどうやって女の子の「好きよ」が「男性としては好きじゃない」という意味であるかを判定できたか、わかりますか？

それは、女の子が即答したからです。

もし女の子が「……好きよ」とわずかに「ため」を入れてから答えたら、意味は逆になったわけです。

それくらいに微妙な音調の変化で、私たちは「あべこべことば」を聞き分けているわけです。

すごい能力ですね。


でも、どうしてこんなややこしいことを人間はするのでしょう？

答えはさきほど申し上げました。

コミュニケーションでは、意思の疎通が簡単に成就しないように、いろいろ仕掛けがしてある、ということです。

誤解の幅《はば》

同一の語が正反対の意味を持つことがあるというのは、理屈からすると、どうも不便でいけません。誤解を生じやすいですから。

じゃあ、逆に、そういう「あべこべことば」を持つことで、どういういいことがあるか、それを考えてみましょう。

とりあえず、相手の話を注意深く聴くようになる、ということ、これはたしかです。もし、コミュニケーションにおいて、決して誤解が生じないように一義的で正確なことばづかいが可能であるとしたら（たとえば「異性として好き」と「異性として好きじゃない」はそれぞれ「好きA」「好きB」というふうに、違う語で表現できるようになっていたとしたら、あるいは古代エジプト人が「大きい」と「小さい」を違う形容詞で使い分けをしていたら）、私たちはコミュニケーションに際して、それほど集中力を必要としなくなります。

コミュニケーションに際して、それほど集中力がなくても、相手が言いたいことが、すらすらとわかってしまう。

なんだか楽ちんそうですけれど、それって、そんなにいいことなんでしょうか？

ずいぶんひねくれた考え方のように聞こえるかも知れませんが、こういう問いを受け止めることはたまには必要です。

おそらく、コミュニケーションはつねに誤解の余地があるように構造化されているのです。うっかり聞き間違えると、けっこう深刻な影響《えいきょう》が出るように、ことばはわざとわかりにくく出来上がっているのです。

でも、どうして？

ジャック・ラカンという人は、たぶん二〇世紀でいちばん頭のいい人の一人ですが、彼の本は何を書いているのか、ぜんぜんわからないくらい難解であることで知られています。

でも、これって、ちょっとおかしいと思いませんか？

それだけ頭がいいなら、どうしてその頭のよさを「誰が読んでもすらすらわかるように書く」という方向には用いなかったのでしょう？

それだけ頭がいいなら、「誰が読んでもすらすらわかるように書く」という作業はそれほどむずかしいこととは思われないのに。どうしてそうしなかったんでしょうか？

不思議ですね。

そのことに気づくほどには頭がよくなかったということなのでしょうか？　それとも、気づいたんだけれど、すらすらわかりやすく書くとなんだかありがたみがなくなるから、むずかしいままにしておいたのでしょうか？

後の方が「正解」です。

簡単に書くと、なんだか「ありがたみ」がなくなるから、むずかしいままにしておいたんです。

ほんとうですよ。

だって、ラカン自身がそう書いているんですから。

「私が皆《みな》さんに理解できないような仕方でお話しする場面があるのは、わざととは言いませんが、実は明白な意図があるのです。この誤解の幅によってこそ、皆さんは、私の言っていることについていけると思うと、言うことができるのです。つまり、皆さんは不確かで曖昧《あいまい》な位置にとどまっておれるのです。そしてそれがかえって訂正への道を常に開いておいてくれるのです。

言葉を換えて言えば、私がもし、簡単に解《わか》ってもらえるような仕方で、皆さんが解ったという確信をすっかり持てるような仕方で、話を進めたら（…）、誤解はどうしようもないものになってしまうでしょう。」（ジャック・ラカン『精神病（下）』岩波書店）

このことばは、ある意味でコミュニケーションにかかわる私たちの常識をまるごと覆《くつがえ》しています。でも、コミュニケーションの本質をこれほど鋭《するど》く言い当てていることばはなかなかないと言ってよいほど洞察に富んだものです。

私たちがコミュニケーションを先へ進めることができるのは、そこに「誤解の幅」と

「訂正への道」が残されているからです。

誤解のコミュニケーション

「わかる」ことは、コミュニケーションを閉じる危険とつねに背中あわせです。

私たちが話をしていて、つまらない相手というのがいますね。こちらの話をぜんぜん聴いていない人です。

なんで私の話を聴いてくれないかというと、先方にはこちらの言うことが全部わかっているからです（少なくともご本人はそう思っているからです）。

その人にとっては、私は「いなくてもいい人間」なんです。だって、私の話はもうわかったから。「君の言いたいことはわかった」というのは、ですから「私の目の前から消えろ」という私の存在そのものを否定する遂行《すいこう》的なメッセージをも言外に発していることになります。

だから、私たちは「もう、わかったよ」と言われると傷つくのです。

聴き手に何の興味も示さないで熱く語り続ける語り手も、聴き手の存在を否定するメッセージを発信しているという点においては変わりません。

そういう人の話を聴かされると、私たちは弱い酸に侵《おか》されるように、深いところで傷つけられます。たとえば、校長先生の朝礼の訓示とか、式典に来賓《らいひん》で来ている市会議員の挨拶みたいなものが、その典型です。そういうものを聴かされると人間は苦痛を感じます。

これは苦痛を感じるのが、人間として正しい反応なんです。

こういう話が私たちに苦痛を与えるのは、そこでもやはり「扉《とびら》」が閉じられているからです。

「扉が閉じられたことば」というのは、先ほども書いたとおり、聴き手に向かって、「あなたはいなくてもいい」と告げることばのことです。「あなたが私の話の内容を理解しようと理解しまいと、あなたがいようといまいと、私は今と同じことを言うだろう」と告げられて傷つかない人はいません。

ときどき「ひとりうなずき」をする人がいますね。自分で話していて、自分の話に自分でうなずく。私は「ひとりうなずき」の語り手と対面していると、気が滅入《めい》ってきます。言っていることが間違っているとか、勘に障《さわ》るとか、そういう次元のことではありません。「おまえが私の話に同意しようと反対しようと、私は私の話に同意する」というきっぱりとした「聴き手無視」の態度に毒されて、なんだかこっちの生命力がよろよろと萎《な》えてきてしまうのです。

そういうものです。

目の前にいる人に「気づかわれている」と生きた心地がしてきて、「無視されている」とだんだん生命の炎《ほのお》が弱々しくなる。これはでも、人間として当然のことです。「シカト」というういじめ方が残酷《ざんこく》なのは、そこにいる人間を存在しない人間のように扱うことで、「おまえはもう死んでいる」と無言のうちに告知しているからです。「殺してやる」というのなら、まだこっちは生きているわけですから、対処のしようもありますけれど、「死んでいる」と言われてしまうと、もう手も足も出ません。

私たちを傷つけ損なうコミュニケーションがどういうものかがわかると、それをひっくり返すと、私たちが愉悦を感じ、生きている実感が湧いてくるコミュニケーションがどういうものであるかもわかります。

私たちが聴いて気分のよくなることばというのはいくつかの種類がありますが、そのすべてに共通するのは（誤解を招く表現ですが）、そこに誤解の余地が残されているということです。

奇妙に聞こえるでしょう？

でも、誤解の余地なく理解が行き届いたコミュニケーションではなく、誤解の余地が確保されているコミュニケーションこそが、私たちにコミュニケーションをしている実感をもたらしてくれるのです。

十代の若い人たちは、非常に会話の語彙が貧困です。これは、みなさんも認めてくれると思います。

「むかつく」とか「うざい」とか「きもい」とか「かわいい」とか、ほんとうに十個くらいの単語だけで延々と会話をしている女子高校生などを電車の中でみかけます。

ふつうの大人の人は、そういうのを横で聴いて「近頃の若いもんは、なんという貧しいボキャブラリーで意思疎通を行っているのだろう。あんなことでちゃんとしたコミュニケーションが成立しているのであろうか」と苦々しい顔をしたりします。

まったく、おっしゃる通りです。

あれじゃ、意思疎通はできっこありませんね。

洋服を見ても「かわいい」、化粧《けしょう》を見ても「かわいい」、音楽を聴いても「かわいい」。

あれでは、そのような形容詞を交わし合っているもの同士でも、何を言っているのかお互《たが》いの心の中がわかっているとはとても思われません。「かわいい」のが洋服の色について言われているのか、デザインについて言われているのか、ボタン穴の微妙な位置関係について言われているのか、スリットの角度について言われているのか、「これ、かわいいね」「うん、かわいいね」だけじゃ、わかりっこありません。

……ほらね。

ちゃんと、若い人たちだって、わざと誤解の幅があるように、コミュニケーションしているでしょう?

それこそがコミュニケーションの「王道」だからです。

形容詞十個だけのチョー貧しいコミュニケーションでは、お互いに「何を言っているのか、よくわからない」。だから、聴く人間をつねに「不確かで曖昧な位置」にとどめておくことができる。それゆえに、これらの会話はコミュニケーションとして成立しているんです。

子どもたちが限定した語彙でしかコミュニケーションできなくなったというのは、たしかに一つの「退行」現象ではあるのですけれど、人間というのは、本人にしかわからない切実なる理由があって「退行」しているんですし、退行するときだって、必ずそれなりのしかたで「戻り道」を確保しているんです（ヘンゼルとグレーテルが森の小径《こみち》に撒《ま》いたパンくずみたいに）。

彼らのあのチョー貧しい語彙は、「自分の言いたいことをきちんとことばにしなさい」という言われ方で、学校教育でずっと「正しい」とされてきた「自己表現」の強制に対する、子どもたちの側からの「ノー」ではないかと私は思っています。

「そんなことばづかいじゃ、コミュニケーションできない」、そういうふうに感じている子どもたちが、生半可《なまはんか》な自己表現に自分を託《たく》すことを拒《こば》んで、ある種の失語症をみずから進んで病むことで、コミュニケーションを回復しようとしている。そんな気が私にはするのです。

聴き手のいないことば

私は大学の教師をしているので、年度末になるとよく入試の試験監督《かんとく》をします。口頭《こうとう》試問《しもん》にもよくかり出されます。受験生たちは、それぞれの学校の制服を着て、試験官の前にすわって、たいていがちがちに緊張《きんちょう》しています。

そういうときに、「本学を志望した動機は何ですか?」というようなありきたりの質問をすると、たいへん困ったことになります。

受験生の方は、まさに「そういうありきたりの質問」に対する答えを用意して、準備万端おこたりなく試験会場に乗り込んできているわけですから。もう「しめた」とばかりに「暗記してきた答え」を棒読みし始めます。眼を中空に泳がせながら、必死で頭の中に書いてある文章を読み上げます。

それを数分間聴かされていると、試験をしている私の方は、なんだか悲しい気持ちになってきます。

そういう気持ちには、なってみないとわからないでしょうが、ほんとうに索漠《さくばく》たるものです。場合によっては悲しみを通《とお》り越《こ》して、憎《にく》しみに近い感情を抱くことさえあります。

それは、この人の語っていることばがまったくこちらに向かっていないからです。少しも私に触れてこないからです。

ことばの意味がよくわかるということと、ことばがこちらに触れてくるということはまったく別のことです。

受験生が読み上げる本学志望の動機は実によくわかりました。でも、聴きながら私はすでにそれを忘れています。というか（試験官が耳をふさぐことが試験場では許されない以上）、聴くそばから忘れでもしないと、その対話の無意味さに耐《た》えられないのです。そのことばは、相手が誰であっても、まったく一言半句《いちごんはんく》の違いもなく繰り返されるはずのものであることが、聴いていてわかるからです。

ここでこの人の話を聴いている試験官は誰でもいいんです。私である必要なんかない。私がここにいる必要がない。「ここにいるのはあなたである必要がない」ということを、いわば耳元でがなり立てられているような気がするから、こういう「読み上げ」的な面接試験は、深い徒労感を試験官にもたらすのです。

逆に、面接試験をしていて愉しい受験生というのがいます。

それは、「その場で思いついたこと」をしゃべってくれる人です。

「その場で思いついたこと」というのは、こちらが差し出した予想外の質問とか、話の流れでふと出てきた話題などがきっかけで、その場で生まれたものです。

こういう話は、内容にかかわらず、試験している方もされている方も、ほっとします。とりあえず、そこで話されていることについては、語っている受験生も、そのきっかけをつくった試問者も、どちらもその生成に関与しているからです。その誕生に立ち会っている。そこには、ある種の「かけがえのなさ」が感じられます。そういうとき、面接の場はずいぶんなごやかになります。私がここにいたために、このことばは生まれた……という達成感のようなものを感じることができるからです。

そういうものなんです。

受験生のみなさんは面接試験というと、試験官はどっしり構えて、受験生を冷たく査定するだけだと思っているかもしれませんが、そんなことはありません。こっちも人間ですから、「おまえなんか、いてもいなくても、いいんだよ」というようなコミュニケーションを拒絶《きょぜつ》するような「読み上げ」的応答に触れると、それなりに傷つくんです。それは学校の式典で、くそおもしろくもない祝辞の読み上げを黙って座って聴いていなければならない生徒たちが受ける傷と同種のものなのです。

口ごもる文章

子どもたちに向かって、「自分の言いたいことをきちんとことばにしなさい」という教育方法に対して、私はいささか疑問を抱いています。

どうしてそういう教育方法に疑問があるかというと、「自分の言いたいことをきちんとことばにしなさい」というときには、「きちんとことばにする」という要請《ようせい》の方が優先して、「これはほんとうに『自分のいいたいこと』だろうか？」という自問に割く時間がその分だけ削《けず》られてしまうからです。

大学に入ってきたばかりの一年生たちに、自由なテーマでエッセイを書かせると、あまりおもしろいものに出会いません。というか、ほとんど「非常につまらない」ものばかりです。

型にはまっているからです。

「小論文の書き方」みたいなものをたぶん高校の現国の授業や予備校で習ってきて、そこで習得してきた技法なんでしょう。論題について「具体例を挙げ」、それについての「一般的見解《いっぱん》」を紹介し、ついで、「私なりのちょっと違う視点からのコメント」を付して、最後にどうでもいいような「結論」(「日本はこのままでいいのだろうか?」、「若い人たちにも少し考えて欲《ほ》しいものである」、「メディアの論調に無批判に従うのはいかがなものか」など、どこにでも使える決まり文句——「根岸《ねぎし》の里の侘《わ》び住まい」みたいな——が十個くらいあります)で締《し》め、という定型のとおりに、学生たちはエッセイを書いてきます。

こういうものを何十編も読まされていると、読んでいる方は重い徒労感にさいなまれてきます。

そういう定型的なことばづかい、ストックフレーズの乱れ打ちというのは、一種の暴力として機能するからです。私のような、劫《ごう》を経た教師でも、そういうものを浴び続けると、それなりに息が詰まってきて、胸苦《むなぐる》しくなってくるのです。「お願いだから、どこかで扉を開けてくれ」といううめき声が漏《も》れてくるのです。

「扉」というのは「訂正への扉」のことです。つまり誰かが何かを言うと、「それって、『こういうこと』?」という問い返しがあって、それに対して「いや、そうじゃなくて」というふうな「訂正」があって……というふうに受《う》け渡《わた》しが始まるきっかけになる、コミュニケーションの「解錠《かいじょう》」のことです。

錠が解けて、扉が開き、外の空気が流れ込んでくる感じ……そういうファクターがエッセイの中にあると、読む方はなんとなく救われた気分になります。中空をにらんで、必死になって暗記したフレーズを読み上げている人ではなくて、こちらをまっすぐみつめて、ことばを手《て》探《さぐ》りしながら話している人を前にしたような気分になれるのです。

入学してきたばかりの大学一年生で、そういう語り方ができる人はほんとうにわずかしかいません。でも、できる人は、できる。どうしてできるのかというと、そういう人は「自分が言いたいこと」は何かという、自分自身への興味、もっと踏《ふ》み込《こ》んで言えば、「自分自身が蔵している謎」への興味がまさっているからです。そのことの方が「きちんと定型通りに書くこと」より優先している。

その人は、たぶん自分のことがまだ「よくわからない」んです。自分が何を考えているのか、よくわからない。よくわからないから、言いよどむ。口ごもる。つっかえる。ためらう。言い直す。

ことばと思いがうまく合致しない。

その「言いよどみ」や「口ごもり」がそのまま表現された文章は、「いい文章」であるかどうかは別として、少なくとも「扉が開いた」文章である可能性は高いと思います。

錯綜《さくそう》していているけれど、どこかに自然な律動がある。息せき切って走ってきた人の息づかいが、乱れているけれども、それでも生命の必然にかなっているのと同じです。

そういう文章は論理的ではないけれど、どこかにたしかな条理が通っている。

誤読する自由

たとえば、こんなのは、どうでしょう。

「文学において、最も大事なものは『心づくし』というものである。『心づくし』といっても君たちにはわからないかも知れぬ。しかし、『親切』といってしまえば、身もふたもない。心趣《こころばえ》。心意気。心遣《こころづか》い。そう言ってもまだぴったりしない。つまり、『心づくし』なのである。作者のその『心づくし』が読者に通じたとき、文学の永遠性とか、あるいは文学のありがたさとか、うれしさとか、そういったようなものが始めて成立するのであると思う。」（太宰治『如是我聞《によぜがもん》』）

文章の内容はとりあえず、どうでもいいです。気づいてほしいのは、この短い文章の中で繰り返される執拗《しつよう》なまでの「言い直し」です。

「そう言ってもまだぴったりしない」という、「ことば」と「思い」のあいだの齟齬《そご》、乖離《かいり》、埋《う》めることのできない違和感。その乖離そのものが、この文章を先に進ませているということがわかるでしょうか？

「文学の永遠性」と書いてしまってから、その語のあまりの定型性におびえた太宰治は、すぐに「文学のありがたさとか、うれしさ」というふうに、簡単なことばに置き換えて、話をよりわかりにくくしてゆきます。

「文学の永遠性」ならわからないことはありません。でも、「文学のありがたさとか、うれしさ」と言われても、困ります。そんなことばづかいで文学を語る人なんかいませんからね。

でも、「そういったようなものが始めて成立するのであると思う」というふうに結論めいたことを書けたのは、「文学のありがたさとか、うれしさ」というよく意味のわからないことばを太宰が探り当てたからです。

よく意味のわからないことばを探り当てることができたので、とりあえず「言い直し」の運動を止めることができたんです。たとえて言えば、ちょうどころあいの「安定のよくない石」をみつけたので、それを家の土台にあてがって、一仕事終えて休憩、という感じでしょうか。「安定のよい石」を見つけたから、仕事を一休みしたわけではありません。ぐらぐらする石だからこそ、「ことばと思いの違和感」を決して解消することができないような、落ち着きの悪いことばだからこそ、太宰はそれを文章の最後にあてがって、一区切りをつけたのです。

　これが「訂正の扉」を開いておく、ということの一つのみごとな例です。

　もちろん私はすべての大学生に「太宰治みたいに書いてくれ」と言っているわけではありません（それはそれで読むのがつらそうだし）。私が言いたいのは、文章を先へと進める力は、ことばが思いを満たさないという事実だ、ということです。

　おそらくこの太宰治の文章は「自分の言いたいことを、きちんとことばにする」という国語的な査定をされた場合には、あまりよい評点をもらえないでしょう。でも、結局、書かれてから半世紀以上、この文章が多くの人に読まれ続けてきたのは、これが言いたいことが言えないで、じたばたしている文章だからです。

「じたばた」している分だけ、ここには「誤解の幅」がたしかに確保されています。「理解」と「誤解」がぎりぎり漸近線《ぜんきんせん》的に接近しながら、けっして「一〇〇%の理解」が成就することがないように、そんなふうに太宰治は書いています。ここに作家の天才性は存すると言ってよいでしょう。

もちろん「何を言っているのか、よくわからないだけの文章」を書いても誰も読んではくれません。逆に「何を言っているのか、すらすらわかる文章」を書いても、誰も二度と読み返そうとは思いません。

わからないけれど、何か心に響《ひび》く。「たしかに、そうだ」と腑《ふ》に落ちるのだけれど、どこがどう腑に落ちたのかをはっきりとは言うことができない。だから、繰り返し読む。そういう文章が読者の中に強く深く浸透する文章なのです。

どうして、そういう文章が読者に強く、深く触れるかというと、そこに読者に対する信頼があるからです。

信頼《しんらい》されている、あるいは解釈を委《ゆだ》ねられているという負託の感覚を読者が覚えるからです。

そういう文章は、読み手が主体的に踏み込んでゆかない限り、生気づいてこない。「主体的な踏み込み」というのは、ことばを換えて言えば、読者の側の「錯覚」であり、「誤読」であり、ひどいときには「関係妄想」に類するものです。

でも、それでいいんです。

太宰の文章の力は、読者に（こう言ってよければ）誤読する権利、誤解する自由を許していることに由来します。

太宰は「心」とは書かずに「心づくし」と書き、「親切」、「心趣《こころばえ》」、「心意気」「心遣い」と言い換えてゆきます。

「心」は書き手である太宰自身のものです。私たち読者は、太宰のことばを信じる他に、その胸中を察する術《すべ》がありません。「心」は読者である私たちがいなくても、あるいは文章を書かなくても、太宰の中にあります（たぶん）。

でも、「心づくし」や「心遣い」は読み手あってのものです。それは書き手が読み手に向かってまっすぐ差し出しているものだからです。読み手がいなければ存在するはずがないものです。相手あっての「心づくし」「心遣い」ですからね。

「相手あっての」ということは、逆から言えば、サービスする側にどれほどの「心づくし」や「心遣い」があっても、それが相手には伝わらないリスクを含んでいるということです。

こちらには「親切」な気持ちがあるんだけれど、それが相手には届かない……という ことがあります。いささか切ない状況《じょうきょう》ですけれども、こちらの思いが正しく届くかどうか、わからない。

でも、すべては相手しだい、というこのところに、実は「心づくし」の「心づくし」たる所以《ゆえん》があるのです。

私の思いをどう解釈するか、どう評価するか、それをあなたに委ねますという、いささか悲愴《ひそう》な断念を告げながら、それにもかかわらず、できたらこちらの意のあるところを汲《く》んで、それなりのご評価を頂きたい……と、あれこれ言い換えたり、単語を組み替えたりしてみせる。この「あきらめのよさ」と「あきらめの悪さ」がなじみよく同居しているところが、「心づくし」の手柄《てがら》なんです。

「自分の言いたいことを、きちんとことばにする」という条件が必ずしもコミュニケーションにとって本質的なことではない、ということがおわかりいただけたでしょうか？ その語の真の意味において「よい文章」というのは、誤読する自由、誤解する権利を読み手に確保しておいてくれる文章の方なのです。

しかし、みなさんがここまでの話にうっかりうなずいてしまうと、話はさらに複雑になってきます。

誤読を許容するというのは、言い換えると、「私はこの文章の意味がすみずみまで理解できた」という読者の傲慢《ごうまん》が許容されないということです。誤読を許容する文章というのは、実は誤読しか許容しない文章なんです。

当然ですね？ もし、誰か（評論家とか文学研究者とかが）、「私はこの作家のこの文章の意味をすみずみまで理解できた」と主張して、その解釈が「正しい」ということに世間が合意してしまったら、それ以後の読者たちには「誤読する権利」がもうなくなってしまいますから。だから、コミュニケーションにおいては、「一般解」というものが存在することが許されないのです。

世に「古典」や「名作」として読《よ》み継《つ》がれている書物には膨大《ぼうだい》な解説書や研究書が献じられています。どうして、解説書や研究書がたくさん書かれるかというと、「読むとすごくおもしろいんだけれど、よくよく考えると、何が書いてあるのかよくわからない」からです。

古典といわれるほどの書物は、小説であれ哲学書であれ、読者に「すみからすみまで理解できた」と決して言わせないような謎めいたパッセージを含んでいます。これはもう必ずそうです。構造的にそうなんです。

「謎めいたパッセージ」というのは、必ずしも読んだ人がそろって「おおお、これは謎めいている」と合意するようなものではありません。むしろ、ほとんどの人がすらすらと読み飛ばしてしまうような箇所に、ふと足を止めて「ちょっと、待ってね。どうしてここで、こんなことばが出てくるの？　変じゃない？……」というふうにいぶかしむ人が偶然発見するものです。

極端な話、「どうしてこの本には、このことばが使われていないのか？」という問い方だってあるわけです。

『白銀号事件』でシャーロック・ホームズは、「どうして事件の晩には、この出来事が起こらなかったのか?」という推理の仕方をします。ホームズに倣《なら》えば、「そこにないもの」を謎にすることだってできるわけです。

つまり、一冊の書物に蔵されている可能性のある「謎」は原理的には無限ということです。一冊の本が蔵している「謎」は読者の数だけあります。

読者の数と言っても、読者ひとりで謎一個というわけではありません。

同じ人が読んでも、子ども時代に読んだときと、大人になってから読んだのでは、本の様相はまるで違ってきます。「ああ、この本は『こんなこと』が書いてある本だったのか、子どものときには気づかなかったなあ」ということが、よくあります。子どものときには見落としていたことに大人になってから気づくこともありますし、その逆だってあります。失恋する前と後では違いますし、結婚《けっこん》したり、就職したり、子どもができたり、病気をしたり、親しい人が死んだり……といろいろな出来事が私たちには起こりますが、その前後では必ず同一の書物が読者に示す「謎」は変わってきます。

読者ひとりにおいてさえ、謎を発見する機会は、原理的には無限にあるわけです。

あなたは何を言いたいのですか？

よく、この本からどういう教訓を引き出すことができるか？　という読み方をする人がいます。「この文章で作者は何を言いたいのか？」というのは現国問題の定番です。

たしかに、こういう問い方が有効な文章もあります（パソコンのマニュアルを読んでいるときなどは、「だから、何が言いたいんだ！」と叫《さけ》びたくなることがありますしね）。でも、自動券売機の使用法とか、デジカメの使い方とか、そういう実用的なマニュアルの場合以外は、「何が言いたいのか？」という問いはあまり有用ではないような気がします。

以前にデヴィッド・リンチの『マルホランド・ドライブ』という映画のDVDを見ていたら、「特典映像」に監督インタビューがついていました。デヴィッド・リンチという人は、何がなんだかよくわからない映画を撮《と》ることで有名な監督ですが、『マルホランド・ドライブ』は彼の作品中でもきわめつきの「何がなんだかよくわからない映画」でした（たいへんおもしろかったんですけれど）。映画の内容はとりあえずどうでもいいです（でも、暇《ひま》があったら是非《ぜひ》ごらんください）。興味深かったのは、日本人のインタビュアーが冒頭《ぼうとう》に「監督はこの映画で何を言いたかったのですか？」という質問を向けたことです。たぶん、この質問は現代日本国語教育の一つの成果を体現していると思います。

かわいそうにデヴィッド・リンチはびっくりして絶句していました。よほど意表を衝《つ》かれた質問だったのでしょう。

このインタビュアーは芸術作品については「作者は何が言いたいのか？」を訊《たず》ねてみて、答えが示されれば、誰にでも作品が「わかる」というふうな考え方をしている人だったと思います。

デヴィッド・リンチは（そして、ほかの多くの芸術分野でのクリエイターたちは）、「何か言いたいこと」があらかじめあって、それを映像記号やオブジェや音符《おんぷ》に託して「表現」しているわけではありません。「気が付いたら、こんなものができちゃった」というのが、芸術的創造においては、だいたいのみなさんの本音ではないかと思います。

たとえば、モーツァルトに「この作品を通じてあなたは何を言いたいのですか？」という質問をすることの愚《おろ》かしさは想像できますね。モーツァルト自身がどれほどことばを尽くして説明してくれても、そんなことばは最初の一楽節だけで消し飛んでしまいます。

芸術作品は、とくに天才的な芸術家の作品は、作った本人にも、どうして「こんなもの」ができてしまったのか、よくその消息がわからないんです。作った本人にとってさえ「謎」なんです。そんな作品について、本人が説明できるはずがありません。

だから、文学作品の作者自身による「自作解説」というのは、あまり当てにしてはいけません。

たとえば、よくあることですけれど、その作者が大きな影響を受けた先行作品があるとします。でも、「……の影響を受けて書きました」と正直に由来を語る人はあまりいません。どの作家も自分のオリジナリティを過大評価する傾向がありますから（これは人間だから仕方がありません）、自分が影響を受けた先行作品や作家については、できたら忘れたい。だから、「この作品はナントカさんの作品にそっくりですね」と言われて「むっ」としない作家はいません。場合によっては、誰かの作品に強く影響を受けながら、その事実そのものを忘れてしまうということも起きるのです。

私は学者なので、学会発表というものをときどき聴く機会があります。そこでこれまで何度か経験したことですが、研究発表の内容が、以前に発表された誰かの論文と「そっくり同じ」ということがあります。しかし、発表者はその先行研究について何の言及《げんきゅう》もしていない。引用したとも、参考にしたとも書いていない。となると当然、発表の会場から、「あなたの今回の研究は、ナントカさんの先行研究とそっくりだが、どうしてそれについての言及がないのか」というきびしい質問が飛んできます。

興味深いのは、これまで見た限りでは、「剽窃《ひょうせつ》」を指《し》摘《てき》された研究者は、いつでもそう言われて、びっくりすることです。「そんな先行研究があることは少しも知らなかった」と彼らは口を揃えて主張するのです。「どうして、そんなひどい言いがかりを……」と涙《なみだ》ぐむ人さえいました。

でも、やっぱりそれはありえないことですね。

ある主題について専門的に研究している人が、ほかの先行研究にはすべて目を通したけれど、自分の研究と「そっくり同じもの」だけ選択的に読み落としたということは、確率的にはまずありえません。

やっぱり読んでいるのです。

そして、読んだことを忘れている。

これを私は「盗用《とうよう》」とか「剽窃」とか言って声高《こわだか》に批判する気はありません。人間の記憶というのはそういうふうになっているのだと思います。


同じことはすべてのジャンルでの創造行為について回ります。作者はしばしば自分がいちばん強い影響を受けた作家や作品のことを忘れます。

そもそもそれを忘れてしまわないと、「どうしてこんな作品ができたのかわからない」という自分自身の創造工程に対する「無知」が失われてしまうからです。

そして、「無知」に支えられない限り、人間は創造的になりえるはずがないのです。

自分がどうして作品を作るのか、どういう技法を使ったのか、誰の影響を受けたのか、どの点が新しいのか、何を伝えたいのか……そういうことが全部あらかじめわかっていたら、人間は創造なんかしません。

先生と弟子の関係も、作品と芸術家の関係と似ています（おお、やっと本題に戻ってきました！）。

謎の先生

私たちが敬意を抱くのは、「生徒に有用な知見を伝えてくれる先生」でも「生徒の人権を尊重する先生」でも「政治的に正しい意見を言う先生」でもありません。

私たちが敬意を抱くのは「謎の先生」です。

あるいは「無－知の先生」と言ってもいいかも知れません。これは誤解を招きそうな表現ですけれど（でも、この本は「誤解をどんどん招くのがよいコミュニケーションである」という立場に立っているので、そんなことあまり気にしなくていいんですけど）、先生が無知であるという意味ではなくて、私にはどうしても理解できないもの、つまり私の知が及《およ》ばないもの、私にとっての「無－知」（non-savoir）の核のようなものが、先生の中にはある。そういう印象を与える先生のことです。
「先生の中には、私には決して到達できない境位がある」ということを実感するときにのみ、弟子たちは震《ふる》えるような敬意を感じます。

そのためには、先生は実際に卓越した技術や知識を持っている必要はありません。
「謎の先生」はその有用性がすでにわかっている技術や知識を私たちに伝える人ではありません。彼が伝えるものの価値が私たちにすでに知られており、それに対して私たちが対価を提供しうるような教師は「謎を蔵した人」とはみなされません。

その人がいったい何を知っているのか私たちには想像が及ばない先生、それが「謎の先生」です。
「謎の先生」の教育的効果について近代日本でもっとも精密な記述を行ったのは、夏目漱石《そうせき》です。これは確信を込めて申し上げることができます。

みなさんは、国語の教科書に必ず夏目漱石の文章（たいていは『こゝろ』ですが）が出てくることを不思議に思ったことはありませんか？

『こゝろ』なんて、それほど名文とも思えないし、第一「先生の遺書」なんて、おもしろくも何ともない話ですよね。

にもかかわらず、歴代の教科書編纂者《へんさんしゃ》たちが、「やっぱり『こゝろ』は残さないとね」「そうそう」とうなずきあったという事実がある以上、ここには何か深いわけがありそうです。

漱石の『こゝろ』と『三四郎』は（たぶんみなさんはどちらも通読されたことはないでしょうけれど）、どちらも「謎の先生」についての話です。

『こゝろ』は「私」という語り手が「先生」と呼ばれる、あまりぱっとしない無職の中年男性と知り合いになって、その人を師匠と仰いでその家に通い詰め、そのうちに自分の実の親よりもたいせつな人のように思われてきた矢先に、先生が「私はあなたに『先生』と呼ばれるような、たいした人間ではありません」ということをくどくどと書いた遺書を残して自殺してしまって終わり……という、なんだかわけのわからない物語です。

『三四郎』も似たり寄ったりで、熊本《くまもと》から東京の大学にやってきた青年三四郎がC調な学生やハイカラなお嬢《じょう》さんに翻弄《ほんろう》されているうちに、「偉大なる暗闇《くらやみ》」とあだ名されたあまりぱっとしない中年男性（今度は無職じゃなくて、高校の先生）にしだいに惹《ひ》かれ始め、「ぼくはこの人を師として成長してゆくことになるのかしら……」とぼんやり思うようになる、というなんだかわけのわからない物語です。

どちらも変な話だと思いませんか？

十代の男の子が「見た目あまりぱっとしない中年男性を『先生』だと思い込んで、それがきっかけで成長のプロセスが始まる」という話なんですね、これが、二つとも。

この二つの小説では、この「先生」たちがどんなふうにえらいかとか、どんな有用な知識を有していたのかということについての記述はまるでありません。ゼロ。むしろ、このおじさんたちには、世間にはあまり通りそうもないようなあやしい言動が散見されるばかりです。

一方は無為《むい》徒食《としょく》の閑人《ひまじん》、一方は高校の生徒たちから「偉大なる暗闇」とあだ名されるほどにぼおっとした何を考えているかわからない茫洋《ぼうよう》たるおじさん。にもかかわらず、漱石は「こういう『おじさん』たちを若い人たちは見つけて、その人を導き手として人間的成長を遂《と》げてください、では、さようなら」と書いて話をさっさと切り上げてしまっているのです。

ずいぶんですよね。

これでふつうの中学生や高校生に話がわかるはずがありません。

でも、かの文豪《ぶんごう》がそう書いて筆を擱《お》いた以上、これは「それでよい」としなければなりません。

漱石がこんな小説を書いていたのは明治四〇年代、二〇世紀が始まったばかりの頃のことです。維新から四〇年。ちょんまげを結っている天保《てんぽう》生まれのお爺《じい》さんたちがまだそこらに生きていた時代です。その時代に漱石はこれから先近代日本社会の中核となるであろう明治の青年たちに向かって、「そのへんの適当なおじさんをみつくろって、『先生』として師事するといいよ」と書いていたのです。

漱石が「先生」の条件として挙げているのは、二つだけです。

一つは「なんだかよくわからない人」であること、一つは「ある種の満たされなさに取《と》り憑《つ》かれた人」であること、この二つです。

「先生」が「なんだかよくわからない人」になってしまったことの原因が「先生」が「ある種の満たされなさに取り憑かれた」ことにあるのだとすると、これは同じ一つの経験の前後二つの相と申し上げてよいのかも知れません。だとすると、一つですね。

漱石がそう書いている以上、「先生」が「先生」として機能するためには、これだけで十分ということなのでしょう、きっと。

誤解者としてのアイデンティティ

先生が先生として機能するための条件は、その人が若いときにある種の満たされなさを経験して、その結果「わけのわからないおじさん」になってしまった、ということである。というのが私の見るところ、夏目漱石の結論です（異論のある日本文学者がたくさんおられるでしょうが、まあ、今日のところは我慢してください）。

さて、「先生」が若い頃に経験した「ある種の満たされなさ」って何でしょうね？『こゝろ』には少し書いてあります。『三四郎』には何も書いてありません。『吾輩《わがはい》は猫《ねこ》である』の苦沙彌《くしゃみ》先生も漱石的「先生」の一典型であるのですが、この人がどうしてこんなぼんやりしたおじさんになってしまったのかについても作中には詳細《しょうさい》な論及はありません。

ということは、それはどんな出来事だっていいってことですね。

なんともことばにできないような「満たされなさ」を骨身にしみて感じて、ああ、世の中にはこういう「満たされなさ」というのがあって、それを知るのが、人間にとっての決定的経験なんだよな。現に、オレはその前後でずいぶん人間が変わってしまったもの……ということがわかったら、もう「先生」の資格は十分ということです。

この経験が「大人」と「子ども」の決定的な分岐だということです。

でも、いったいこのおじさんは何を経験したんでしょう？

前にコミュニケーションのところで確認したことを思い出してください。

いちばんたいせつなことは、コミュニケーションはつねに誤解の余地を確保するように構造化されている、ということでした。

どうしてかというと、「誤解」の種類は「誤解者」の頭数だけあるのに対して、「理解」というのは一種類しかないからです。「正解」が二つも三つもあったら「正解」になりません。「正解」は一つしかないから「正解」なんです。

もし、コミュニケーションにおいて「正解」に達することが目的であるとしたらどうなるでしょう？「正解」に達した人が一人いれば、それ以外の聴き手、解釈者はいなくてもいい、ということになりますね。だって、もう正解は与えられたわけですから。それ以外は全部誤答なんですから、そんなものにそこらをうろうろされていては迷惑千万《めいわくせんばん》なだけです。

師弟関係でも同じです。

師匠が教えていることが「オレにはわかった！」という弟子がいるとします。彼が「正解」を出したら、彼以外の弟子はもういなくてもいいわけですね。「正解」をみつけた弟子が跡目《あとめ》を継いで次なる師となり、次代の弟子を取ればすむ。よけいな誤答をしかねない兄弟弟子なんか、いるだけ邪魔です。

コミュニケーションにおいて「正解」というものが認められると、コミュニケーションの受信者は一人でよいということになり、それ以外の人々はコミュニケーションの場からすみやかに退去せよ、ということになります。

それでは困ります。

人間の定義は「コミュニケーションするもの」ということです。つまり、「コミュニケーションしない人間」は人間じゃないということです。コミュニケーションにおいて

「正解」というものを決めてしまうと、ほとんどの人間はその存在理由を失って、人間じゃなくなってしまいます。

そんなの困りますね。

人間の個性というのは、言い換えれば、「誤答者としての独創性」です。あるメッセージを他の誰もそんなふうに誤解しないような仕方で誤解したという事実が、その受信者の独創性とアイデンティティを基礎づけるのです。

一人の師に複数の弟子がいて、弟子たちは全員が師の蔵する「謎」の解読に失敗します。失敗することが義務づけられているのです。でも、まさしく全員が師の「謎」を解くことに失敗するおかげで、弟子全員が師との対話を（師の死後でさえ）続け、弟子同士で「ああでもないこうでもない」と「謎」について終わりなく議論し合うことができるのです。そんなふうにしてひとりひとりの弟子のアイデンティティと主体性は基礎づけられているのです。

すべての弟子は師を理解することに失敗します。けれども、その失敗の仕方の独創性において、他のどの弟子によっても代替できないかけがえのない存在として、師弟関係の系譜図《けいふず》に名前を残すことになります。

「大人」と「子ども」の分岐点は、まさにこの「コミュニケーションにおける誤解の構造」に気づくかどうか、という一点にかかっております。

コミュニケーションとは本質的にメッセージの「聞き損ない」であり、人間を理解するというのは、その人の本性を「見損なう」ことであるということを身にしみて経験した人が（会社に入って「課長！　オレどこまでもついていきます」とすがりついたり、結婚したりすると、すぐに骨身にしみてわかります）「大人」となるわけです。

別に「大人」になったからといって、いきなり賢くなるとか、世の中の仕組みが洞察できるようになるとかということはありません。

とりあえずわかるのは自分のバカさ加減だけです。

でも、それに気づいて、「ああ、そうかオレのアイデンティティというか、余人をもっては代替不能であるところの『かけがえのなさ』というのは、まさにオレの『バカさ加減』によって担保《たんぽ》されていたわけだ……」という冷厳なる事実の前に粛然《しゅくぜん》と襟《えり》をただしていたうちに、青年客気《かっき》でぶいぶい言わせていたころに比べると、なんとなく腑抜《ふぬ》けたような「おじさん」ぽい顔つきになるわけです。

「大いなる暗闇」も『こゝろ』の「先生」も、自分の前で目をきらきらさせて「先生！」と慕《した》ってくる若者を見て、「バカだな、こいつも。オレのことを『先生』なんて慕っても、いいことなんかないのにさ……」と思っているわけです。

でも、この「自分のバカさ加減を知ってしまったおじさん」の、何とも言えない脱力感が、若者にはなんだか底知れぬ叡智の余裕《よゆう》のように見えるのですね、これが。

この「先生」にももちろん青年のころがあったわけで、そのときには「先生の『先生』」に出会っています。そして、その脱力したような茫洋とした風貌のうちに無限の叡智を見て、師の一挙手一投足のうちに「謎」を見出していたのです。

では、その「先生になる前の先生」が「先生の『先生』」を自分は誤解することしかできないという重大な洞察に導かれたのは、どうしてだったのでしょう？

本書もいよいよ残り二十数頁というところでその佳境《かきょう》に入って参りました。これがわかったときに、みなさんもはたと膝を打って「なるほど、先生はえらい!」とうめくことでありましょう。

沓《くつ》を落とす人

能楽に『張良《ちょうりょう》』という曲があります。これは中国は漢の時代の将軍でその武名をうたわれた張良という人が、その若い頃に黄石公《こうせきこう》という老人から「太公望《たいこうぼう》秘伝の兵法の極意」を授けられたときのエピソードを戯曲化《ぎきょくか》したものです。

これは中世の日本ではよく知られた話らしく、芸事の奥義《おうぎ》の授受について語るときに、しばしば引かれる逸話であります。

こんな話です（すっごく変な話ですよ）。

若き張良が浪人時代に、武者修行《しゅぎょう》の旅先で、黄石公というよぼよぼの老人に出会います。老人は、自分は太公望秘伝の兵法の奥義を究《きわ》めたものであるが、キミは若いのになかなか修行に励《はげ》んでいてみどころがあるので、奥義を伝授してあげようと申し出ます。

張良、喜んでそれからは「先生、先生」とかいがいしくお仕えするのですが、この老先生、そう言っただけで何も教えてくれません。いつまで経《た》っても、何も教えてくれないので、張良の方もだんだんいらついてきます。

そんなある日、張良が街を歩いていると、向こうから石公先生が馬に乗ってやってきます。そして、張良の前まで来ると、ぽろりと左足の沓を落とします。

「取って、履《は》かせよ」と老先生は命じます。張良、内心はちょっとむっとするのですが、ここは弟子のつとめということで、黙って拾って履かせます。

別の日、また街を歩いていると、再び馬に乗った石公先生と行き会います。すると先生、今度は両足の沓をぽろぽろと落として「取って、履かせよ」と命じます。張良、さらにむっとするのですが、これも兵法修行のためと、甘んじて沓を拾って履かせます。

その瞬間に、張良すべてを察知して、たちまち太公望秘伝の兵法の奥義ことごとく会《え》得《とく》して、無事に免許皆伝《めんきょかいでん》となりました。

おしまい。

変な話でしょう?

いったい張良は何を「会得」したのでしょう？

「兵法の奥義」を具体的な術技や知識であると考えると、どうにも理不尽な話です。そんなものが一瞬のうちに会得できるはずがありませんから。

ということは、「兵法の奥義」とは、知識や術技そのものではなく、それを「コミュニケートする仕方」にかかわる「謎」のことであるということが推察されます。

でも、いったい黄石公は張良に何を伝えたのでしょう？

「落ちた沓を拾って履かせた」だけですね。

では、そのときに張良の心の中にどんな思いが行き交ったか、それを想像してみることにしましょう。

黄石公が最初に沓を落としたとき、張良はたぶんそれを偶然のことだと思ったはずです。「しょうがねーな、ボケちゃって」と思ったかも知れません。

でも、それが二度続きました。

二度目もぽろりと沓を落とした。となると、それはもう偶然ではありえない。

さて、張良はこのときに何を考えたでしょう？

マンガの吹《ふ》き出《だ》しで描《か》くと、「？」ですね。

これです。これが「謎」の生成という経験です。


「いったい、この人はこうすることによって、何をしたいのか？」

張良はそういうふうに問いを立てました。つまり「沓を落とす」ことと「兵法の伝授」のあいだには何か関係があるに違いないという推理を働かせたはずです（だって、二人の間にはそれしか関係がないんですから。何らかの合図を黄石公が送ってきたとしたら、そのことにかかわっているに決まっています）。

この「沓落としの記号」（一度目は左足、二度目は両足）は兵法伝授にかかわる人間関係の文脈では、何を意味しているのか？

張良はそういうふうに考えます。というか、考えずにはいられなくなってしまいます。

どうして、そういうふうに考えずにはいられなくなったかというと、それは黄石公が二度沓を落としたからです。

一度だったら偶然かも知れません。でも、同じようなシグナルが二度続くと、私たちはそこに「メッセージ」があるのでは……と考えずにいられなくなります。

「え？　何？　何なの？　それ、どういうこと？　沓と兵法奥義の関係って、何？」と張良は頭を抱えて考え込んでしまいました。

そして、その瞬間に「あ、そうか！」とわかったのです（そこが賢いところですな。なかなか常人ではこうはゆきません）。

何がわかったのかというと、これを「兵法伝授にかかわる謎かけ」だと解釈したのは、張良自身だということがわかったのです。

別に、黄石公が「じゃ、これから謎を出すからね、がんばって解くように」と告知したわけじゃありません。老先生はただぽろぽろと二回沓を落としただけです。それを勘違いして、兵法奥義の伝授にかかわるメッセージだと思ったのは、張良の「誤解」だったのです。

老師の謎めいたみぶりによって、張良は魅入られたようにそのメッセージ解読にのめり込んでしまいました。

「魅入られたように」というところがたいせつです。

張良が魅入られたのは、そこに「謎」があると信じてしまったからです。そこに「謎」があると信じたのは、張良が老師のメッセージを「前後関係からして、これは『謎かけ』と解釈するのが正解だよな」と「誤読」したからです。

何のことはない。最初からしまいまで、全部張良の「一人合点《がてん》」なのでした。

でも、まさにそのときに、張良は、コミュニケーションの本質と兵法極意を同時に会得することになったのです。

コミュニケーションは誤解の余地を残して構造化されている、ということはもう何度も書きました。

でも、それがどうして兵法極意になるのか？

それをご説明いたしましょう。

もし、張良が「この先生ももうボケが入ってきたな」と思って、二度ともただ沓を履かせただけで、そのまま去ってしまえば、彼はこのコミュニケーションから何も引き出すことがなかったでしょう。

でも、張良はそうしませんでした。彼は同じようなしぐさが二度連続したことをある種の「目くばせ」ではないかと「誤解」し、そのメッセージの「解釈」に魅入られたようにひきずりこまれました。

「魅入られる」というのは行動の自由を奪われるということです。そうなったら最後、「黄石公先生は、次はどうやって沓を落とすのだろう?」という「謎解き」に取り憑かれてしまいます。これは間違いありません。賭《か》けてもいいです。

三度目の(結局は行われなかった)遭遇《そうぐう》のことを想像してみてください。張良が歩いていると、あちらから馬に乗った黄石公先生がやってきます。もう張良さん、心臓ばくばくの緊張状態ですよね。「さあ、どう出るか?」ともう足を踏ん張って、あぶら汗《あせ》を流して沓をにらみつけている。

これを武道では「居着《いつ》き」と言います。

居着きというのは、足裏が地面にはりついて身動きならない状態を指しますが、こういうふうに「相手がどう出るか?」という「待ち」の状態に固着してしまうのは、居着きの最悪の形態の一つです。「待ち」に居着いている人間は、絶対に相手の先手を取ることができないからです。相手がまず何かしてから、それに反応するようにしてしか動き始めることができない。そういう体制を自分で作ってしまう。「解釈者」という、メッセージの発信者よりもつねに遅《おく》れてしか起動できない立場に自分を固定してしまう。「謎」を解釈する立場というのは、「謎」をかけてくる人に対して、絶対的な遅れのうちに取り残されるということです。

もし、そんな状態の張良に、行き会った黄石公が馬上からずばりと刀を振《ふ》り下《お》ろしたらどうなるでしょう？

最初の出会いのときなら、「おっとっと、先生いきなりとはひどいなあ」と軽く斬撃《ざんげき》をかわせたかもしれない張良も、「謎解き」に夢中になって「沓、沓、沓……」と視線を老師の足下に凝固《ぎょうこ》させていたら、ばっさり斬《き》られてしまった可能性が高いと私は思います。

解釈者の位置に身を固定させるということは、武道的には必敗の立場に身を置くということです。

相手に先手を譲《ゆず》って、それをどう解釈するかの作業に魅入られるというのは、構造的に負けるということです。

というのは、解釈者は必ず「読み筋」というもの（今の場合なら、「次は沓をどうやって落とすか？」という問い）を設定して、その文脈に出現するシグナルだけに注視することになるからです。

それに対して石公の側は自由自在です。なにしろ、沓を落としたことには何の意味もなかったんですから。別に張良に手を振ったって、帽子《ぼうし》を脱《ぬ》いだって、何だってよかったんですから。それに意味があると思って勝手に居着いたのは張良自身なんですから。

黄石公には一〇〇％の行動の自由が許され、張良は限定的な文脈への固着を余儀なくされている。それが「三度目の出会い」の構造です。黄石公必勝、張良必敗の体制ですね。

張良は、これに気づいたのです。

「あ、そうか。人間はこうやって負けるんだ」ということに気づいたのです。

それは同時に「必勝の構造」を会得したということです。なるほど、先生がやったようにやれば、「張良みたいなの」を相手にしたときには必勝なんだ。

ということを張良は負けることをつうじて理解したのでした。


ここがたいせつなところです。

張良が黄石公に太公望の兵法を伝授されたのは、「必勝の兵法」は「必敗の構造」に身を置いた者にのみ会得されるということを身を以《もっ》て経験したからです。それはコミュニケーションの水準の話で言い換えれば、理解とはメッセージの内容そのものを適切に読み解くことではなく、コミュニケーションにおける「誤解の構造」に精通することである、ということです。

たぶん張良は太公望の兵法奥義を会得したあと、若い頃の角が取れて、ちょっとぼんやりした、茫洋とした「おじさん」にだんだんなっていったんじゃないかなと私は想像します。

先生はえらい

この逸話の奥の深いところは、黄石公がただのボケ老人であっても張良は太公望の兵法奥義を会得できたであろう、という逆説のうちにあります。現に、黄石公は何も教えていないのですから。

「あ、わかりました！」と張良がうなずいたときに「うん、それでよい」と言っただけです。ほんとうに張良がどこまでわかったのか、黄石公は知らないし、知ったことじゃないんです。

この張良という若いのは、勝手に人を「先生」と呼んでつきまとって、こっちが居眠りこいて沓を落としたら、「ああ先生、兵法奥義を会得しました」とにこにこしている。変なやつだなあ、と黄石公先生は思っていたかも知れません（ほんとに）。

つまりこの逸話は物語そのものが一つの「謎」として構造化されているのです。

私が先に述べた張良の内面であるとか「三度目の遭遇」などというのは、すべて私の勝手な解釈、「独創的誤解」に他なりません。でも、この逸話のすごいところは、「何がなんだかよくわからない話」であるというだけに、読者を終わりなき誤解のうちに誘導《ゆうどう》するということです。この話を読んだ読者は「謎を解きたい」という激しい欲望に点火され、もうそれに抗《こう》することができません。私もまたその術策にはまって、魅入られたように物語の解釈に耽《ふけ》ってしまったのでした。

私も黄石公に負けたのです。何も教えていない人から（おまけに私の先生でさえない人から）、勝手にあれこれ学んでしまったわけですからね。

つまり、この逸話は、「謎と教育」の本質についての逸話であると同時に、この逸話そのものが、中世以来数百年にわたって、謎として、それゆえ教育実践《じっせん》として生成的に機能し続けてきたのでした。

たいしたものですね。

そろそろ私がどうしてこの本を「先生はえらい」と題したのか、その理由がみなさんにもおわかりいただけたことと思います。

教育におけるボタンの掛け違いは「識見が高く、人格高潔なる人が教師であるべきだ」ということを前提にして、教師の「中身」について、この先生は「けっこうえらい」、あの先生は「それほどえらくない」という「査定」を学ぶ側が行うことができると考えたことにあります。

「査定」をした上で、「あの先生は、いろいろとものを知っていそうだから、あの先生の弟子になろう」、「あの先生はダメだから、やめよう」というふうに弟子が判定することを「学ぶ側の主体性」だと考えたことが実は間違いの始まりなんです。

私たちはものを習うときに、電気釜《でんきがま》を買うときのように、カタログを見比べたり、スペックを読んだり、「お試し期間」にご飯を炊《た》いたりして、先生を選ぶことができません。

そう思ったら、大きな勘違いです。

師弟関係というものを商取引の関係から類推してはなりません。もし、先生というのは、なんらかの知識や技術を具体的なかたちで「所有」しており、しかるべき対価の代《だい》償《しょう》として、それを「クライアント」に伝授する職業人であると定義するとしたら、そのような関係を「師弟関係」と呼ぶことはできません。つまり、そこでは本当の意味で「学ぶ」ということは成立しないということです。

なぜなら、そのような関係において、習う側は、自分がどのような知識、どのような技術を欠いているのかをあらかじめ知っているということが前提になるからです。「豚《ぶた》の挽肉《ひきにく》二〇〇グラムください」「はい、六〇〇円になります」というのは、健全なる商取引ではありますけれど、学びではありません。なぜなら、そのような関係において、師の蔵する知識や技術は、弟子がすでに所有しているものと同種のもので、ただ先生はそれを量的に多く所有しているにすぎないということだからです。

ものを学ぶというのは定額の対価を投じれば相当額の商品が出てくる自動販売機を利用することとは違います。

なぜなら、真の師弟関係において、学ぶものは自分がその師から何を学ぶのかを、師事する以前には言うことができないからです。

さきの張良の例からもおわかりでしょうが、張良は「太公望秘伝の兵法」がいかなるものかを黄石公に師事する前には知らないのです。それがどんな形態のものなのか、どういう仕方で伝授されるものなのか、そもそもどういう目的の技芸なのか、それさえ知らないのです。そして、会得した後になって、回顧的に「師が教えたこと」が何であったかを知るのです。

師がどのような情報や技芸を蔵しているのか、弟子は弟子となる前には知りません。弟子になってはじめて（場合によっては師のもとを辞去して後にはじめて）、師が「恐《おそ》るべき知と技」を蔵していたことを弟子は知るのです。

学ぶ者の定義とは、「自分は何ができないのか」、「自分は何を知らないのか」を適切に言うことができないもののことです。

「それじゃ、何を学んでいいかわからないよ」と文句を言うひとがいるかも知れませんが、これでよいのです。ことの順逆が違っているように聞こえるでしょうが、弟子になるまでは（あるいは師のもとを去るまでは）、弟子は自分の前にいる人間が師であるということのほんとうの意味が分からないのです。

先生というのが本質的に機能的な存在であり、先生を教育的に機能させるのは学ぶ側の主体性であるという逆説を熟知していたジャック・ラカンは、こう述べています。

> 教えるというのは非常に問題の多いことで、私は今教卓《きょうたく》のこちら側に立っていますが、この場所に連れてこられると、すくなくとも見掛け上は、誰でも一応それなりの役割は果たせます。(…)無知ゆえに不適格である教授はいたためしがありません。人は知っている者の立場に立たされている間はつねに十分に知っているのです。誰かが教える者としての立場に立つ限り、その人が役に立たないということは決してありません。(ラカン「教える者への問い」『フロイト理論と精神分析技法における自我(下)』岩波書店)

人は知っている者の立場に立たされている間はつねに十分に知っている。このラカンの断言が意味しているのは、「知る」ということがコンテンツの次元の問題ではなく、コミュニケーションの仕方の次元の問題であるということです。

ラカン自身がそうであったように、師が師として機能するのは、彼がかたちある知、弟子にも定量できるような種類の知を蔵していて、それを弟子が学ぶことができたからではありません。

師が師でありうるのは、師がいかなる機能を果たすものであるかを、師は知っているけれど、自分は知らないと弟子が考えているからです。

弟子は、師は私の知らないことを知っているはずだと想定したことによって、何かを（しばしば師が教えていないことを）学んでしまいます。そして、何ごとかを学び得た後になってはじめて、その学習を可能にした師の偉大さを思い知るのです。

学ぶのは学ぶもの自身であり、教えるものではありません。「それが何であるかを言うことができないことを知っている人がここにいる」と「誤解」したことによって、学びは成立するのです。

ラカンは当時ほとんどパリ中の知識人とその予備軍たちが階段教室を埋め尽くしたと言われるその伝説的な演習《セミネール》の開講に際して、きっぱり次のように宣言しました。

自身の問いに答えを出すのは弟子自身の仕事です。師は「説教壇の上から」出来合いの学問を教えるのではありません。師は、弟子が答えを見出す正にその時に答えを与えます。（ラカン「セミネールの開講」『フロイトの技法論（上）』岩波書店）

子どもが母国語を学習するときのことを考えてください。

子どもは「ことば」というのが何であるかをまだ知りません。「ぼくもそろそろ学齢《がくれい》期だから、日本語をちゃんと勉強しておかないとね」というような合理的判断を下した上で母国語の学習を始めた子どもはおりません。

自分にむかって語りかける母親のことばを聴いているとき、子どもはまだことばを知りません。しかし、すでにことばによるコミュニケーションの現場に引き出されています。子どもは彼が生まれる以前に成立した言語に絶対的に遅れて生まれます。言い換えれば、子どもは「すでにゲームが始まっており、そのゲームの規則を知らないままに、プレイヤーとしてゲームに参加させられる」という仕方でことばに出会うわけです。

にもかかわらず、子どもはやがて人々の語ることばの意味を一つ一つ発見してゆきます。それは、大人たちが「ことばには意味がある」ということを教えたからではありません。ある音声がなにかそれとは違うものを記号的に代理表象《だいりひょうしょう》することができるという「ことばの規則」そのものを知らないままに、子どもはことばの中に投げ込まれているから、知るわけないんです。

このプロセスの驚嘆《きょうたん》すべきところは、規則を知らないゲームをしているうちにプレイヤーがその規則を発見するという逆説のうちにあります。

まわりの人々の発する音声が意味を伝える記号であることがわかったのは、意味不明の音声について、「これは何かを伝えようとしているのではないか？」という問いを子どもが立てることができたからです。

この謎めいた音声は何かのメッセージではないのか？　これらの記号の配列には何らかの規則性があるのではないか？

これがすべての学びの根源にある問いかけです。

学ぶことの全行程はこの問いを発することができるかどうかにかかっています。

そして、「そうすることで、あなたは何を伝えたいのか？」という起源の問いは問う、もの自身が発する以外にはありません。誰も彼に代わって、この問いを発することはできません。

私が「学びの主体性」と呼ぶのはこのことです。

張良の例でおわかりのように、「そうすることで、あなたは何を伝えたいのか？」という問いを発することのうちに「学び」のアルファからオメガまでが集約されています。張良がそのことを理解したのは、問いに対して「正解」が与えられたからではありませんでした（黄石公は何も教えていません）。そうではなくて、石公のふるまいを「規則のあるゲーム」であるとみなし、その「規則は何ですか？」という問いを発したことによって張良が「ゲームの規則」を発見したからです。

私たちは張良がそのときどんな「ゲームの規則」を発見したのか知りません（さきほど私が書いたのは、私の勝手な「妄想」です）。そんなのはどうでもいいんです。どうでもいいからこそ、この逸話は「奥義」の内容についてはあえてひとことも言及していないのです。

同じ「謎めいたゲーム」から、張良は「張良の規則」を発見し、私は「私の規則」を発見します。それが同一のものである必要は少しもありません。というか、同一であってはならないのです。謎から学び取り出すことのできる知見は学ぶ人間の数だけ存在するということこそが、学びの豊穣《ほうじょう》性を担保しているからです。

私たちが「あなたはそうすることによって、私に何を伝えたいのか？」という問いを発することのできる相手がいる限り、私たちは学びに対して無限に開かれています。私たちの人間としての成熟と開花の可能性はそこにあり、そこにしかありません。

私が「先生はえらい」ということばで言おうとしたのはそのことです。

え、ここまで読んだけれど、ウチダが何を言いたいのか、わからない？

「あなた、こんな本書いて、いったい何が言いたいんですか？」

うむ。免許皆伝じゃ。では老師はこれにてご無礼いたす。御免《ごめん》。

chikuma primer shinsho

ちくまプリマー新書 002

先生《せんせい》はえらい

二〇〇五年 一 月二十五日 初版第一刷発行
二〇一三年十二月 十 日 初版第十四刷発行

著者 内田樹（うちだ・たつる）

装幀 クラフト・エヴィング商會
発行者 熊沢敏之
発行所 株式会社筑摩書房
東京都台東区蔵前二-五-三 〒一一一-八七五五
振替〇〇一六〇-八-四一二三
印刷・製本 中央精版印刷株式会社
ISBN978-4-480-68702-9 C0237 Printed in Japan

乱丁・落丁本の場合は、左記宛にご送付下さい。
送料小社負担でお取り替えいたします。
ご注文・お問い合わせも左記へお願いします。
〒三三一-八五〇七 さいたま市北区櫛引町二-六〇四
筑摩書房サービスセンター 電話〇四八-六五一-〇〇五三